안 동
문 화
100선
●❶⑤

이
미
홍  李美弘

1989년 〈향토문화의 사랑방 안동〉에 '이웃이야기' 집필을 시작으로 지역의 문화와 인물을 기록하는 작업을 해왔으며, 안동문화원 편집위원으로 활동하고 있다.
인터뷰집으로 안동의 문화인물1 『하남 류한상』이 있으며, 안동댐수몰마을기록사진집 『사라진 마을 그리운 얼굴』, 안동댐수몰민구술채록집 『안동댐수몰마을주민대백과』를 기획·집필했다. 공동저서로 산학연구총서 『사라지는 것들에 대한 다른 생각』과 『세계유산 역사마을 하회이야기』 등이 있다.


류
종
승  柳鍾承

1995년 광고사진 전문 스튜디오에서 시작하였다. 2011년 안동청년유도회 회원으로 활동하면서 안동의 역사와 문화에 대해 본격적인 관심을 가지게 되었다. 안동문화100선 시리즈의 사진 작업을 비롯하여 지역과 관련된 사진 작업에 다수 참여하였다.

# 안동댐

이미홍 글
류종승 사진

민 속 원

# 차례

# 안동, 물의 도시가 되다

76년 안동댐이 완공된 지 어느덧 46년이라는 시간이 지났다. 낙동강 유역의 물 공급과 전기 발전이라는 댐의 원래 목적과 기능을 넘어 안동호를 둘러싼 산과 강이 만들어내는 그림 같은 풍광은 어느새 안동이 가진 천혜의 관광자원이 되었고, 40여 년의 시간이 흐르면서 수몰민들의 아픔을 뒤로 하고 안동댐을 중심으로 주변에 월영교와 호반산책길 등 문화단지가 조성되고 물문화관과 물포럼센터가 들어서면서 안동은 이제 명실상부한 물의 도시, 수변도시로서 거듭나고 있으며, 안동시는 안동, 임하댐 두 개의 댐을 기반으로 물산업의 메카를 꿈꾸며 도약을 준비하고 있다.

이 시점에서 우리는 안동댐의 이야기를 제대로 기억하고 그 기억들을 토대로 안동댐의 역사를 이어서 새롭게 써내려갈 필요가 있다. 과거의 아픈 시간들은 그냥 묻어둔 채로 가는 게 아니라 과거와 현재 그리고 미래로 이어지는 안동댐의 이야기를 새로 써나가기 위해 안동댐을 둘러싼 공간과 사람들에 대한 이야기를 발굴하고 기록하는 작업을 함께 해나가야 한다고 생각한다. 과거에서 현재로 이어지는 스토리는 지금의 안동과 안동댐을 둘러싸고 만들어지

안동댐 낙동강 물길과 반변천이 만나는 합수 지점 ⓒ 권영목

고 있는 공간과 문화현상들과도 연결되며, 미래 안동의 문화와 산업을 더욱 풍부하게 만들어가는 토대가 될 것이기 때문에 더욱 그렇다. 물의 도시 안동은 안동댐 사람들의 스토리와 기록들을 베이스로 담고 갈 때 더 풍부해지고 다양해지며 진정한 당위와 생명력을 얻을 수 있을 것이기 때문이다.


## 안동댐 이야기의 시작

1963년, 국토의 자연조건을 종합적으로 이용·개발 및 보전하기 위해 '국토건설종합계획법'이 제정되었다. 그리고 이에 근거해 1970년대에 들어서면서 본격적인 국토종합개발계획이 추진된다. 제1차 '국토종합개발계획'으로 고속도로 건설과 함께 국토 균형발전을 위한 농어촌 환경 개선, 대규모 간척사업

등이 진행되었으며, 이러한 국토개발 프로젝트의 기치 아래 대통령은 대국민 담화와 함께 영남지역 국토개발을 천명했고 다목적댐의 필요성을 역설하면서 안동댐 건설이 수면 위로 떠올랐다.

　낙동강유역의 최북단에 위치한 안동다목적댐에 대한 조사가 처음 시작된 시기는 1962년이었다. 안동 다목적댐 건설은 농수용 및 생활용수의 공급, 홍수조절로 인한 수해경감, 저렴한 전력생산, 하수오염 공해 경감 필요성에 의해 62년부터 정부에서 검토 조사되어 왔다. 그러나 워낙 규모가 방대하여 본격조사에 착수하지 못한 채 단편적인 조사만 거듭해오다가 68년부터 본격조사에 들어가게 되었고 구체적인 청사진이 확정되었다. 71년 4월 1일 안동댐 건설사업소 설치 및 안동댐 진입도로 1.7㎞ 구간 공사에 착공하였다.

　1962년에 처음 지점조사를 하였으나, 지리적 위치 등으로 처음에는 다른 댐 후보지와 달리 실효성이 낮다고 판단돼 보류되었다가 1966년에 가서야 낙동강유역 조사와 병행하여 기본조사에 착수했다. 1968년 조사 결과보고서는 영남지방 전역을 유역권으로 하고 있는 낙동강은 홍수 시 강 양안의 침수지역을 보호하여 안정적인 농경지를 확보할 필요가 있고, 생활 및 공업용수의 공급을 위하여 상류에 다목적댐을 건설할 필요가 있다고 결론을 내렸다. 이와 함께 안동댐 건설 추진 필요성이 점차 논의되기 시작했다. 또 다른 측면에서 1970년대는 2차 국토종합개발이 시작되는 시기였고, 낙동강 유역에 계획된 공업도시 조성에 안정적인 용수 공급을 위해서도 댐 건설이 필요했다. 용수부족량을 충족하기 위하여 여러 가지 분야에 걸쳐 각종 조사를 실시하여 수계의 댐 지점을 선정하였고 이들에 대한 타당성 조사를 실시한 결과 안동댐 건설사업이 개발순위 면에서 1위로 부각되었다. 강원도 태백시 황지동 태백산에서 발원하는 낙동강은 태백시와 봉화군·안동시를 거쳐 남쪽 방향으로 흐르는데, 안동시에서 4.5㎞ 북동쪽에 위치한 곳에 댐을 건설하기로 결정이 되었다. 댐 유역 내의 행정구역은 2도·2시 3군·12면이 해당되었다. 강원도 태백에서 시작해 경상북도 봉화군의 춘양면, 소천면, 석포면, 명호면, 법전면과 울진군의 서면을 돌아 안동시의 성곡동, 상아동과 안동군의 예안면, 녹전면, 와룡면, 임동면까지 구비구비 꺾어들며 흘러내린 낙동강 물길을 하나로 모으는 유역이었다.

댐 건설 예정이라는 기사가 드문드문 나왔고, 제법 구체적인 수몰지구 규모에 대한 소문들이 떠돌았다. 1968년 11월 19일자 동아일보에는 전국의 유림 대표 20여 인이 건설부장관을 방문하고 수몰 위기에 처한 퇴계선생의 유적지를 보호해달라고 진정을 했다는 기사가 실리는데, 이들의 진정에 의하면 당초에 안동댐건설계획에는 도산서원이 수몰지구에 포함되지 않았으나 그 뒤 설계변경으로 수몰 위기에 처하게 되었다고 지적하며, 처음의 계획대로 시정해 줄 것을 요청했다는 사연이었다. 62년부터 조사가 시작되었지만 거의 십 년

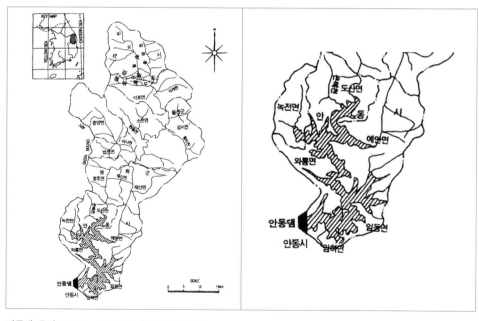

**안동댐 유역도** 출처: 수자원공사, 『안동댐 관리연보』

에 가까운 시간이 흐르도록 댐 건설이 이루어지지 않고 있었기 때문에 지역 주민들은 아직도 여지는 있다고 생각하던 시기였다. 결과적으로는 도산서원은 수몰지구에 포함되었으나 다행히 수몰한계선 안에 포함되지 않아 수몰의 위기를 면했지만 강 건너 시사단은 사시사철 푸르며 선비들의 문장을 읽는 소리가 가득했던 솔숲을 통째로 내어주고 단을 쌓아 높이 올라앉게 되었다.

1970년 8월 8일, 안동댐 건설이 공식적으로 발표되었다. 동아일보를 비롯한 신문들은 정부가 4대강유역개발계획을 71년 말까지 완료하기로 하였으며, 남한영토의 24%를 차지하고 있는 낙동강유역을 우선정비 개발하기 위해 71년 하반기부터 안동댐을 우선적으로 건설하겠다고 발표했다는 소식을 알렸다.

안동댐 건설을 알리는 신문기사 출처: 『동아일보』

안동댐 기공식 당시 1971.3.31. 임청각 앞
출처: 한국수자원공사

그 앞서부터 안동 일대에서는 장차 지역에서 펼쳐질 토목공사에 대해 기대하는 분위기가 있었지만, 이날의 정부 발표로 안동댐 건설이 기정사실화 되었다. 그 이전부터 서울에서 측량 기사들이 내려와 조사를 하고 다니는 모습이 목격되고, 댐 설계도면이 어떻게 만들어지고 어디 어디가 들어간다는 이야기가 면서기들을 비롯한 관계자들을 통해 알려졌지만 공식적으로 댐이 만들어진다는 발표가 없다보니 확인되지 않은 소문만 무성했던 것이 사실이었다. 안동시내 중심가나 외부소식에 빠른 면소재지에서는 벌써부터 외지사람들이 들락거리고 부동산 가격이 들썩였던 것에 반해, 정보에 어두웠던 대부분의 농촌지역에서는 댐이 만들어진다니 그런 줄 알기는 했어도 아직은 먼 세상 이야기처럼 긴가민가 하는 분위기가 많았다. 댐이 만들어진다는 소식이 처음 들린 것이 60년대 초반이었는데, 1964년 월곡면 도곡동에서는 면소재지인 미질동까지 버스가 들어오게 하려고 온동네 사람들이 동원돼 길을 닦고 있었던 것은 이러한 인식을 단적으로 보여준다.

길 공사를 끝내고 시내버스가 도곡동까지 무사히 시범운행을 마치고 경북도지사까지 참석한 가운데 대동국민학교 운동장에서 기념식을 가진 것이 1964년 2월 14일이었다. 그리고 도곡동이 사방산업으로 나무를 심고 산림을 잘 가꾼 마을로 선정되어 농림부장관상을 수상한 것은 64년 11월이었다. 그런데 버스 시범운행이 있고 얼마 지나지 않아 도곡동 담당 측량기사가 마을에 들어오면서 모든 게 허사가 되고 말았다. 결국 하나의 해프닝으로 끝나고만 도곡동의 버스길 이야기는 당시 해당지역 주민들이 댐이 실제로 생긴다는 것을 얼마나 멀게 느끼고 있었는가를 말해준다. 거기에다 도지사와 군수까지 나와 상을 주고 독려를 하고 있었다는 것은 지역 관공서에서조차 그때까지 댐건설과 수몰에 대한 제대로 된 인식이 없었다는 것을 보여준다. 정보도 대책도 없었고 따라서 아무런 사전 준비도 하지 못했다는 것을 알 수 있다. 안동군의 이주 대책이 마을단위 이주는 불가하고 개인 이주 원칙이 된 이유이기도 하다. 도곡동까지 시범운행을 했던 시내버스가 월곡면 주민들이 닦은 큰 길을 달리는 일은 결국 다시 오지 않았고 도곡 사람들에게도 수몰은 현실이 되었다.

1972년 **본댐 공사현장** © 권영목

# 안동 다목적댐 현황

안동다목적댐은 A.D.B차관을 들여와 1971년 4월 착수하여 총 403억 6,100만 원을 들여 양수겸용 다목적댐으로 건설되었다. 1971년 4월 1일 진입도로 공사를 시작으로 1974년 배수로 터널을 통수하고 물막이 공사를 완공했으며, 본댐 축조와 조정지댐 공사를 착공했다. 1975년 안동다목적댐 저수지 담수 개시, 착공한 지 5년 6개월만인 1976년 10월 28일 준공식을 거행하고 실제 1977년 5월 15일 준공되었다.

댐의 유역면적이 낙동강유역 전체 면적의 66%를 차지했다. 이렇게 완성된 안동다목적댐의 연간 용수 공급량은 9억 2,600만㎥로, 이 중에서 생활 및 공업용수 4억 5,000만㎥를 부산·울산·포항 지역과 남해동부의 창원 마산·진해 등지의 주요 산업도시에 공급할 수 있게 되었다. 또한 낙동강 본류에 직접

**1976년 안동댐완공기념식** ⓒ 권영복

취수시설 설치가 가능했기 때문에 연간 약 149억 5,700만원 상당의 송수관 건설비 부담액을 경감하는 효과를 가져왔다. 그뿐만 아니라 연간 1억 1,000만㎥의 조절량을 활용한 댐 하류 낙동강유역 홍수조절 효과를 가져왔다. 또한 국내 최초의 양수겸용 수력발전소로 시설용량 9만㎾의 발전설비를 보유하고 158GWh의 전력을 생산하게 되었다. 이는 15만 명이 사용할 수 있는 전력량으로 이 발전소에서 생산된 전력은 울산·포항·마산 등 공업단지와 영남권 일대에 공급하여 부족한 전력수요를 충당했다.

소양강다목적댐 건설이 경부고속도로 건설, 서울 지하철 1호선 개통과 함께 1960~1970년대 국가 재건을 위한 3대 국책사업 중 하나로 추진되어 서울, 수도권 개발의 중심이 된 것처럼, 중화학공업시대에 영남지역이 비약적인 성장을 이루는 데에는 구미, 창원 등의 국가산업단지 조성과 더불어 안동다목적댐 건설로 인한 풍부한 수자원 확보가 가장 중요한 매개체가 되었다.


## 수몰대책사무소와 보상

안동댐 수몰대책사무소가 안동군청 안에 꾸려진 것은 1971년 12월 18일이었다. 수용될 토지에 대한 기초조사는 그 이전에 시작되어 완료를 앞두고 있었지만 보상금 지급 기준이 마련된 것은 이때에 이르러서였다. 수몰대책사무소는 사실 조사된 토지등급을 확인하고 등급에 따라 수몰보상금을 확정해 통보하고 보상금을 나눠주는 일을 했다. 때문에 수몰지구 사람들이 안동댐 건설을 실감한 것은 수몰대책사무소가 문을 열고 각 가정으로 통지문을 보낸 시점부터였다고 해야할 것이다. 대책사무소가 문을 연 초기에는 예상보다 턱도 없이 낮은 보상금 통지서를 받아들고 도움을 구하러 수몰대책사무소 문을 두드렸던 사람들도 있었다. 그러나 항의를 하다 구치소 신세를 진 이들과 아무런 소득 없이 되돌아나온 이들에 의해 이는 곧 소용없는 일이라는 것이 밝혀

졌고, 엄혹한 군사정권 하에서 주는 대로 받아서 살길을 마련하는 것이 가장 현명한 일이라는 결론이 내려진 이후로 이주를 준비하는 발걸음들이 바빠졌다. 댐공사와 보상금 수령과 이주는 시차 순으로 진행되지 않았고 마을 따라 사람 따라 제각각이다 보니 이것저것 뒤엉켜 혼잡한 가운데 모든 일들이 진행되었다.

그런 연유로 안동댐 건설 공사가 한창이던 70년대 중반, 안동은 분주하게 돌아가고 있었다. 여기저기 이설도로를 닦기 위해 먼지를 일으키며 불도저가 산 중턱을 깎아내고 있었고 한편에서는 옮겨갈 곳을 물색하느라 보상통지서를 받아든 사람들이 안동을 비롯한 이웃지역을 드나들며 여기저기 토지를 알아보고 다니느라 바빴다. 물려받은 가옥과 토지가 많아 넉넉하게 보상을 받은 이들은 일찌감치 서울 대구 등 대도시로 근거지를 옮겨가거나 넓은 부지를 마련해 터전을 새로 닦았지만 대부분의 수몰민들은 그 와중에 자식 교육도 시키고, 집도 마련하고, 농사지을 땅을 비롯해 식당을 하던 장사를 하던 먹고 살 밑천도 장만해야 했기에 보상금을 받기 이삼년 전부터 안동 시내는 물론이고 안동 주변 일대를 여러 차례 발품을 팔아 오가며 시세도 알아보고 인심도 살폈다. 새로 뿌리내릴 터가 중요한 만큼이나 함께 살 이웃의 인심이 살만한 지가 중요하다고 생각했기에 같은 곳을 몇 번이고 다시 가보기도 했다. 풍산들에도 가보고 일직들에도 갔다. 안동의 웬만한 땅들이 이미 오를 대로 오른 것을 확인하고는 의성, 영주, 봉화, 예천, 상주, 청송, 영양까지 발품을 팔았다. 그때만 해도 땅만 좋으면 얼마든지 살 수 있을 것이라는 기대가 있었다. 살 사람도 팔 사람도 곧 나오게 될 보상 규모에 대한 기대가 컸던 상황이었다.

그러나 77년 완공 이후 작성된 보상 관련 보고서에 게재된 연차별 보상 물건은 보상의 규모와 대상이 그 기대에 훨씬 미치지 못했음을 짐작케 한다. 토지와 건물을 비롯한 대상 항목이 극히 제한되어 있고, 대상의 범위가 넓지 않았음을 항목과 수치가 말해준다. 사람들이 가장 관심이 컸던 항목은 토지 보상이었다. 토지를 A, B, C, D, E 5개 등급으로 나누어 보상금을 책정했는데, 자신의 토지가 몇 등급을 받느냐에 따라 이주지와 어디의 땅을 얼마나 구매할 수 있는지가 달라지는 문제였기 때문이었다. 애초부터 가진 게 넉넉한 이들은 열외로 하고 대부분 중소농들이었던 수몰민들의 입장에서 보상받을 토지 등급에 대한 기대는 절대적인 것이었다. 그런데 뚜껑을 열어본 결과 A급 토지는 소수였고, 생각보다 괜찮게 보상을 받은 집보다 자신의 땅은 옥토라 1등급이 문제없을 것이라 자신했던 이들 중 2등급이나 3등급을 맞은 세대가 낙담하는 소리가 곳곳에서 들리는 가운데, 보상이 끝난 수몰지역의 이주가 본격적으로 진행되기 시작했다.

안동댐 보상 수량 현황

| 구분 | 계 | 73 | 74 | 75 |
|---|---|---|---|---|
| 토지(평) | 13,854,371 | 3,470,187 | 4,115,908 | 6,268,276 |
| 건물(동) | 9,408 | 1,707 | 2,709 | 4,992 |
| 영년작물(주) | 886,827 | 397,686 | 150,786 | 338,355 |
| 묘지(기) | 8,038 | 109 | 1,110 | 6,819 |
| 영업권(건) | 597 | 54 | 207 | 336 |
| 공공시설(건) | 39 | 2 | 15 | 22 |
| 문화재(건) | 43 | 9 | 10 | 24 |
| 공작물(건) | 4,552 | 518 | 1,314 | 2,720 |
| 통신시설(건) | 6 | – | 1 | 5 |
| 이주비(세대) | 3,134 | 492 | 773 | 1,869 |
| 위로금(명) | 20,664 | 3,279 | 5,277 | 12,108 |

보상금을 받아들고 난 후 가장들의 발걸음은 한층 신중해질 수밖에 없었다. 한발을 잘못 디뎌 지게자리를 잘못 놓으면 일가의 생존이 위태로울 판이었다. 안동댐 건설과 그에 따른 보상금 지급은 국가적 사안이라 전 국민이 아는 일이었고, 댐 공사가 한창일 때는 이미 곧 있으면 보상금이 풀린다는 사실

을 모르는 이가 없었다. 안동 일대 땅값은 천정부지로 뛰어올랐고 한 채에 100만원이 안 되던 안동시내 한옥 한 채 값은 150만원, 180만원, 200만원, 250만원까지 오르며 부르는 게 값이 되었다. 보상금이 채 풀리기도 전부터 물가가 하루가 다르게 올라 73년도에 1차 보상을 받아 일찌감치 토지와 집을 마련한 이들에 비해 74년 2차 보상을 받은 이들과 75년 3차 간접보상을 받은 이들의 입지는 상대적으로 점차 좁아질 수밖에 없었다. 토지와 집값이 많이 오른 데다 보상받은 돈으로는 풍산, 일직, 의성 등 안동 일대에서 변변한 토지를 구입하기조차 쉽지 않아 터전을 마련하는 데 어려움을 겪었다. 당시 적지 않은 수몰민들이 영주, 봉화, 영양, 청송 등으로 이주한 이유이기도 했다.

댐 건설이 본격화되면서 해당되는 수몰지구에 속한 주민들에게는 보상계획과 절차와 함께 언제까지 이주를 해야 한다는 통지문이 집집마다 배달되었다. 통지문을 받아든 심정이야 제각각이었겠지만 이주가 불가피한 상황 앞에서 선택지는 많지 않았다. 결론은 각자 형편껏 알아서 맞추어 집도 사람도 옮겨갈 방도를 마련해야 했다. 3,134세대의 20,664명이 이주 대상에 포함됐다. 수몰된 마을에 속했던 대부분의 사람들이 집을 비워주고 떠나야했다. 결과적으로 2만 명에 가까운 사람들이 이주를 했다. 통계를 통해 실제 안동댐이 완공된 1977년 이후 안동의 인구가 2만 명 이상 줄어든 것을 확인할 수 있다. 안동군 통계연보로 확인된 1969년 안동군 인구는 192,325명이며, 1975년 안동 시군을 합친 총인구는 267,442명이고 이주가 완료된 몇 년 뒤인 1980년 안동 시군 인구는 237,558명이다. 실제 댐이 완공된 1977년도 이후 몇 년간 수몰로 인해 이주민이 2만여 명 이상 발생한 것이 안동 인구 감소에 결정적 요인으로 작용했음을 알 수 있다. 곡식을 생산하던 대규모의 농토가 수장된 데 이어 몇 년간에 걸쳐 수몰민들이 남은 토지를 처분하고 보상금을 받아 안동을 빠져나감으로써 안동 경제는 적지 않은 타격을 받았고, 안동 인구는 이때 이후로 회복하지 못하고 점점 줄어들게 되었다. 처음에는 안동 원도심을 비롯해 안동 인근으로 이주한 수몰민들도 많았지만, 일자리와 새로운 기회를 찾아 점차 대도시로 재이주를 한 수몰민들이 늘어난 것도 원인이 되었다. 고향을 떠나 새로 자리를 잡기는 마찬가지인 처지에서 서울 대구 부산 등 대도시로 간 지인들의 경우 먹고 살 방도가 더 많은 것을 확인하고 재이주를 택한 비율이 높았고, 70년대와 80년대를 거치며 산업화와 도시화의 물결이 확산된 것도 수몰민들의 발길을 대도시로 재촉했기 때문이었다.

여유가 있는 이들은 댐 건설이 사실로 굳어갈 무렵부터 터전을 알아보고 몇 년에 걸쳐 이주 준비를 했고 타지에 토지를 구입하는 한편으로 2세들을 위해 서울이나 대구 등지에 근거지를 마련하고 마땅한 학교를 찾아 전학을 시키기도 했다. 고택을 통째 이건한 집들도 있었다. 반면 농사를 짓던 많은 이들이 안동 일대 가까운 지역에 토지를 사고 터전을 마련했다. 평생 농사밖에 모르던 이들이 태반이었던 터라 당시로서는 당연한 일로 여겨졌다. 괜찮은 토지를 마련하지 못했거나 그럴 형편이 안 되는 이들은 일자리를 찾아 대도시로 떠났다. 도시에 나가면 본인만 부지런하면 먹고 살 길이 많다는 생각에서였다. 대구를 비롯해 서울이나 부산 같은 대도시 변두리에 집 한 칸을 마련하고 온 식구가 생업에 뛰어드는 경우가 많았다. 그리고 떠나지 않고 고향에 남은 사람들도 있었다. 선산이나 종택을 지켜야할 책무가 있는 종가나 죽어도 고향산천을 떠날 수 없다는 어른들을 모셔야 하는 이들도 있었고, 보상금 액수가 어중간해 떠날 처지가 못 돼 남은 사람들도 있었다. 각기 사정은 달랐지만 남기를 택한 사람들은 힘을 모아 살아갈 터부터 닦아야 했다. 동네 사람들이 함께 마을길을 내고 회관을 짓고 자신들이 살 집을 상호부조를 해서 지었다. 이주해 나가는 사람들이 남긴 집과 토지를 사서 자생의 발판으로 삼기도 했고 산비탈 땅을 개간해 사과나무를 심어 과수원을 일군 이들도 제법 되었다. 집 앞에 차오른 물을 건너 농사를 짓고 추수한 농산물을 내다 팔기 위해 철선을 구입했고, 수몰된 세대에 주어지는 어업신청권을 신청해 농부에서 안동호의 어부가 된 산골 사람들도 있었다.

다른 한편에서는 고택들이 목재와 기와로 해체되어 오랜 세월 고색창연하게 지키던 터전을 뒤로 하고 어딘가로 실려 나갔다. 한옥을 뜯어 새로 마련한 땅에 옮겨 짓는 이들도 있었고, 어차피 집을 지고 갈 것이 아니라면 살림밑천이나 하자고 조상대대로 살아온 집을 눈물을 머금고 파는 사람도 있었다. 이런저런 사정으로 집을 이건하지 못하는 이들 중 집 상태가 반듯하고 관리가 잘 된 몇몇 집들은 대학이나 박물관에 기증을 하거나 얼마간의 댓가를 받고 팔기도 했다. 월곡면 미질리 우씨들의 구계서원을 비롯해 오천리 외내의 금씨 정자 일휴당이나 예안면 의촌의 진성이씨 고택과 토계동 계남의 계남집, 도목리와 가크리를 비롯한 수몰지구 내의 기와집과 까치구멍집 등이 안동민속촌과 영남대학교 민속원에 가 있는 이유기도 하다.

그리고 또 다른 한편으로는 수많은 고택과 문화재급 유산들이 마을과 함께 고스란히 수장될 위기에 놓여 있었다. 그때 안동의 뜻있는 이들과 이런 문제를 걱정하던 안동문화원장으로 있던 류한상은 수몰로 사라지게 될 위험에 처한 안동의 문화유산을 구하기 위해 동분서주 했다.

수몰 당시 안동이 당시 전국에서 문화재가 제일 많았어. 문화재 대부분이 군 지역에 있었는데, 이미 지방문화재로 지정된 것들도 있었지만, 문화재급이지만 안동에 워낙 고건축물이 많다 보니까 문화재로 지정되지 못한 것들이 많았어. 이주하는 사람들 따라 해평 선산 등지로 안동문화재가 다 흩어질 판이었고, 옮기지 못하는 수많은 문화재가 물속에 잠기면 안동문화의 한 축이 무너진다고 봐서, 도립박물관을 짓자고 몇 사람이 뜻을 모아서 구자춘 당시 경북도지사를 찾아갔어. 박대통령이 댐 수몰을 앞두고 있던 시기에 마침 대구 경북 연두순시가 예정되어 있었는데, 내가 도지사를 만나서 수몰 때문에 안동의 문화재를 다른 곳으로 옮겨야 되는데 어차피 이건비 주고 다른 지방으로 옮길 바에야 경북 지역이나 안동에 박물관을 지어서 한 곳에 모아 보존하는 게 좋을 것 같다고 대통령께 계획안을 올려보면 어떻겠느냐고 건의를 했어. 그랬더니 대구에 있는 도청 직원이나 다른 사람들이 안동에 있는 문화재나 박물관에 대한 지식이나 자료가 부족하니까 류한상을 찾아가라 해서 내가 도와서 기획안을 올렸어. 박대통령한테 이야기를 하니까 박대통령이 도지사가 문화방면까지 살필 줄 안다고 좋다고 구체적인 계획을 올리라고 지시를 했어. 공보부하고 내무부하고 건설부하고 협조를 해서 추진을 하면 청와대에서 지원을 해 주마 해서 부지를 알아보고 했어. 군비로 선 집행을 하면 이전비에서 모자라는 부분은 정부가 보태주겠다고 약속까지 했는데, 제때 준비를 못해서 결국 지정된 일부만 옮겨지고 많은 문화재며 민속품이 아까운 건물들과 함께 전부 물에 잠겨버렸지. 사람이 하는 일이 계획대로만 되는 게 아니지만, 그때 안동 문화의 한 귀퉁이가 잘려나간 것만은 틀림없다고 봐야지. 앞으로도 안동 사람들이 안동 문화를 지켜나갈 때 이런 걸 명심을 해야 한다고.

물속에 잠길 많은 문화재를 옮길 부지를 와룡에 알아보고 합의가 되어서 추진을 하려고 하는데 당시 안동군에서 군비 집행 결정을 못내리고 시간을 끌다가 끝내 와룡부지 확보를 하지 못했고, 시간에 쫓겨서 나중에 하는 수 없이 지금의 민속박물관 자리에 시립박물관을 짓는 것으로 결정이 났다. 와룡에 부지를 마련해서 문화재를 물속에 수장을 안 시키고, 한 곳에 모을 방도가 있었는데 안동 사람들이 그만 그걸 놓쳤으니 선생 말마따나 두고두고 아쉬운 일이 아닐 수 없다.

그때 그게 진행되었으면 안동은 두고두고 문화 부문에서 큰 소리를 칠 수 있었다고. 대통령이 직접 추진하라고 말까지 한 사항이라 와룡부지 선정까지 진척이 되었는데, 큰 일 앞에서 주저하다 시기를 놓쳐버린 거지. 안동사람들이 안동문화에 대한 가치를 그때만 해도 잘 모르고 있었다고 봐야지.

류희걸 전 안동민속박물관장은 당시 안동군청 문화과에서 수몰지구 문화재 이전 관련 업무를 담당하고 있었다. 누구보다 안동 문화와 문화자산들을 아낀 그는 잠을 설치며 어떻게 하면 하나라도 더 이전을 할 수 있을까를 고민했다.

그때는 문화재 이전비가 별도로 책정되지 않고 전체 수몰 보상비 중에서 일부 금액이 문화재이전비로 책정이 돼 있었어. 그때 지침이 내려오기를 안동댐 수몰지구 전 지역에서 국보나 보물 등 국가문화재로 지정된 것과 지방문화재로 지정된 것만 35점까지 이전을 할 수 있었어. 문화재로 지정되지 않은 건 이전 보상 대상이 안 되는 거지. 그때만 해도 정부도 그렇고 문화재에 대한 인식이 형편이 없었어. 안동은 대외적으로 전통가옥과 문화의 보고라고 소문이 나 있을 정도로 수몰지구 곳곳에 문화재급 고택과 유물이 많았지만 문화재로 지정하는 데 소홀했던 거지. 그때 내가 수몰지구 안에 소재한 지방문화재까지 기존에 지정된 수를 확인을 해보니까 35점이 안 되었어. 그래 고택이나 정자, 재사 등 개인이나 문중 소유 중에서 이전 비용도 없고 개인적으로 이전할 수도 없는 것들 중에 문화재적 가치가 높은 것들은 그때 일괄 지방문화재로 지정되도록 해서 35점을 옮겼지. 골골이 수도 없던 수많은 명승지와 유적들이 안타깝지만 대부분 잠겼지.

백방으로 뛰어다니며 문화재 지정을 서두르고, 문화재 지정이 되지 않은 건축물과 아까운 유적들이 옮겨갈 자리를 알아 이전을 주선하기도 했다. 안동시립민속박물관이 준공되면서 그는 초대 민속박물관장이 되어 그 문화재들을 관리하는 일을 맡게 된다. 류한상과 류희걸 관장과 같은 이들의 노력 덕택으로 선성현과 석빙고를 이건한 민속촌 일대에 선성현객사와 까치구멍집과 박산정 정자와 계남고택 같은 집들이 이건될 수 있었다. 전국에서 사람들이 찾아드는 성곡동 '구름에리조트' 첫집 계남고택과 꼭대기집 박산정 같은 안동호의 사연을 품은 집들에 사람들이 깃들게 된 것은 그래서 참으로 잘 된 일이다. 사람도 그렇거니와 집도 곤란한 지경을 견디고 난 후에 새로이 그 존재를 드러낼 때 그 진가가 더 드러나는 법이다.

# 신문기사로 보는 서부리 이주단지

안동댐 수몰지구 사람들의 어제와 오늘을 알려면 도산면 서부리로 가야 한다는 말이 있다. 마을 사람들의 손으로 이주단지를 조성하고 살아온 곳이자, 줄어드는 주민들 숫자 따라 쓸쓸히 잊혀져가다가 국학진흥원이 들어서고 호수가 된 안동댐 물길 위에 선성수상길이 만들어지면서 관광객들이 찾아오는 마을이 된, 안동댐의 대표적 이주마을이

서부리에 조성한 이주단지 모습 ⓒ 권영목
서부리 이주단지는 1975년에서 1977년에 걸쳐 조성되었다.

기 때문이다. 이주단지를 조성하던 당시의 신문 기사를 통해 서부리가 시작되던 시점으로 돌아가 이야기를 재구성해 보았다.

안동시에서 안동군 도산면 도산서원으로 통하는 길목, 경사가 완만하게 흐른 산중턱 3만여 평에 마련된 택지에는 새로 지은 4백 10여 채의 주택과 상점들이 들어섰다. 이 마을이 안동댐이 건설되면서 새로 생겨난 안동군 예안면 서부동으로 「예안이주단지」다. 마을 앞으로 올망졸망한 산봉우리들이 도열했고 봉우리 사이로 댐의 푸른 호수가 넘실거리는 절경이 아름답기만한 신흥마을. 이 마을엔 주택 이외에도 예안국민학교와 우체국, 농협단위조합, 진료소 등 주차장 우시장 등이 유치되어 예안면 일대의 교통 교육 통신의 중심지 구실을 하고 있다. 안동댐 건설의 해머소리가 막바지에 이르던 74년 초, 수몰선 밖인 서부동 뒷산에선 불도우저의 숨가쁜 엔진소리가 울리기 시작했다. 수몰민들이 정든 마을이 댐 건설로 물에 잠기게 되자 두 팔을 걷어붙이고 새 생활터전인 예안이주단지 조성에 나선 것이다.

이들이 이주단지 추진위원회를 구성하고 집단이주를 하기로 한 것은 수몰되기 직

전인 74년 1월, 실향민이 되기보다는 대를 이어온 고향땅에 함께 모여 살기로 하고, 4백여 가구가 20~40만 원씩 모두 1억 2천여 만 원을 모아 임야를 매입, 생활 터전을 마련한 것이다.

새 동네를 건설하는 데는 고충도 많았다. 지난 74년 12월 시공회사가 자금난으로 운영이 어려워지자 공사가 주춤해졌다. 그러나 도중에 포기할 수가 없어 17명의 추진위원들이 연대보증을 서고 은행에서 1천 8백여 만 원의 기채를 내어 공사를 계속했다. 또 깎아놓은 산이 장마에 무너져 밤에는 횃불을 밝혀가며 남녀노소 모두가 나서 밤새 흙더미를 산 밑으로 파서 옮기는 일도 있었다. 주민들의 이런 노력은 정부 방침을 따르기만 급급하고 실질적인 아무런 대책도 하지 못하고 있던 관에도 영향을 끼쳤다. 당초 안동군은 예산 등의 이유로 수몰민들의 집단이주를 반대, 자유이주를 원칙으로 수몰민 이주대책을 세웠으나, 서부리 이주단지 건설사업이 성공되자 지방비 4천여 만 원을 투입, 축대 2백m, 하수도 2천5백m를 설치해 주었으며, 4백여 가구에 간이상수도 시설도 해주기로 약속했다.

서부리에 이주한 마을 주민들은 수몰되기 전만 해도 농토가 많았으나 지금은 토지가 모두 수몰돼 먹고 살아갈 활로를 찾기 위해 안간힘을 쏟고 있다. 우선 긴급한 교통난 해소를 덜기 위해 목선 4척을 만들어 운행 허가를 신청했으나 허가가 나지 않아 운행을 못하고 있다. 주민들은 이곳에 수몰민들을 위한 새마을공장을 세워 유휴 노동력을 흡수하는 방안과 도산서원으로 가는 뱃길 중간에 마을이 위치했다는 조건을 살려 관광객을 유치할 수 있는 시설을 갖출 계획도 세우고 있다.

기사는 같은 동네서 살던 사람들일지라도 살기 위해 마련하는 방편도 각기 달라 장사를 하기 위해 대구 등지로 떠났거나 떠날 채비를 하는 이웃도 있지만, 그런 한편으로 남아서 새동네를 건설하기로 한 주민들이 이주단지에 집을 지으며 정을 쏟으려 애를 쓰고 있는 모습을 전하고 있다. 이주단지 주민들은 마을을 찾은 기자에게 그동안 부지매입비 등에 쓴 이주자금을 갚느라고 애를 먹었지만 이제는 마을이 자리를 잡아가고 주민들이 가족처럼 다시 한 곳에 모여 살게 되어 다행이라고 말한다. 기자가 찾았던 시점에서 계획에 따르면 안동댐은 75년 8월부터 담수를 시작해 76년 11월이면 자신들이 살던 예안면 소재지이자 예안장터가 있던 마을이 전부 물에 잠기는 상황에서 주민들은 산 위에 이주단지를 조성하고 있었던 것이다. 주민들은 이다음에 어린 자식들이 커서 전에 어디 살았었느냐고 물으면 지금 우리가 살고 있는 동네 저 아래 물 속에 우리가 살던 마을이 있었다고 알리겠다면서 위안을 삼고 있다. 자신의 뿌리가 중요하다는 것을 나면서부터 내면화한 삶을 살아온 어른들이 서부단 지를 만들어낸 것이다.

이에 앞선 1975년 기사에서 당시 예안면 소재지를 중심으로 살아오던 동부 동과 서부동 주민들이 빚을 내어 부지를 매입했다는 사실과 함께 이들이 이 주단지 터를 다지는 한편으로 수몰지구에 포함된 조상들의 묘 5백여 기를 각 자 새동네 주변으로 이장했다는 소식을 전한다. 보상금 백만 원을 받아 서부 리 이주단지에 집을 짓는데 백만 원이 들어가는 상황이라 한 푼이 아쉬운 실 정이지만, 그 어수선한 난리 통 속에서 서둘러 조상묘를 이전하고 제사를 모 시는 집들이 많았던 당시 풍경을 통해 안동문화의 단면을 조명하고 있다.


## 예안면사무소와 주진교 이야기

2015년 월곡·예안 통합 40년사가 만들어졌다. 공식적으로 이루어진 제대 로 된 안동댐 수몰에 관한 기록이라는 점에서 그 의의가 크다. 부포동과 귀단 동이 속한 예안면의 수몰 전후 상황을 이해하기 위해 월곡·예안 통합 40년 사를 통해 예안면소재지와 주진교 이야기를 잠간 들여다보자면, 먼저, 1974년 7월 1일 구 월곡면과 예안면의 댐 수몰지역 일부 동은 기존의 교통망을 중심 으로 인근의 와룡, 도산, 임동, 임하로 행정구역이 개편되고 새로운 면소재지 를 놓고 지역주민들의 의견이 분분하였으나 지금의 정산리가 예안면소재지로

면사무소를 새로 지은 후 한자리에 모인 예안면 사람들 ⓒ 우휘철. 출처: 경북기록문화연구원

최종 확정되었다.

기사리에 살고 있는 신문향은 월곡면 소재지가 있던 미질2동 양조장집 아들로, 월곡초등학교를 나왔으며 월곡면과 예안면이 통합될 때 월곡사람들을 대표하는 대책위원회 일을 도우면서 예안면과 예안면소재지가 결정되는 과정을 지켜보았다.

월곡면이 32개 동이었는데 도곡에 동후면 면사무소가 있었고 임동 사월에 주재소가 있었어. 일제시대 때 행정개편을 하는데 사월의 '월' 자와 도곡의 '곡' 자를 따서 월곡면으로 이름을 정한 거야. 그게 1930년대쯤이라고 들었어. 73년도에 수몰이 됐는데 미질이 해발 132미터야. 지대가 낮았지. 월곡면 면소재지가 예안하고 통합됐어. 그런데 그것 때문에 수몰되면서 월곡면은 그 이름을 남기지 못하고 잃어버렸어. 수몰되면서 월곡은 많은 부분이 물에 잠기게 되었는데 정산에 터를 마련하고 면사무소를 이전하는 문제를 의논할 때 예안면하고 월곡면 두 개 면을 통

폐합을 해서 하나의 면으로 만드는데, 월곡이 역사에서 밀린 거야. 월곡이라는 이름은 일제시대 때 만들어진 이름이라 역사가 겨우 해봐야 45년인데 예안이라는 명칭은 160년이 넘는 역사를 가지고 있으니까 예안이라는 이름을 살리는 게 맞다고 해서 예안면사무소가 되었지. 당시에 예안에 힘 있는 사람들이 많았어. 국무총리를 지낸 신병현씨하고, 신우철, 신현학 같은 육군대장 출신, 별이 많았어. 예안 서부리 쪽에 신씨가 많이 살았는데 그때 예안사람이 대책본부장을 맡아서 일을 했는데 당시에 정산, 월곡 사람들 대책위원회 일을 내가 따라다니면서 심부름을 좀 했어. 그때 내가 정산 이 자리는 월곡땅이니까 월곡면사무소로 하고 녹전 쪽에 예안면사무소를 따로 지어 예안면과 월곡면 둘 다 살리는 쪽으로 해달라고 부탁을 했는데 안됐어. 나중에 돌아가시기 전에 만났을 때 그 어른이 그때 자네가 어리다고 그 말을 무시했는데 영영 이리 될 줄 몰랐다고 미안하다고 하더라고. 예안면도 이름만 살리고 사실 원래 예안면사무소 땅은 도산면이 되었으니까. 그 사람들도 나중에 다시 예안면사무소를 옛날 본래 자리로 옮기려고 했거든.

예안이라는 이름을 지키고 실리를 양보한 셈이다.

그렇게 예안면면소재지로 새롭게 조성된 당시 면사무소가 있는 정산동과 외부와의 유일한 교통수단은 안동에서 주진~요촌 간을 운항하는 유도선 한 척이 전부였으며, 그마저 도선 운항시간이 여러 사정으로 오전 8시에서 오후 6시까지만 운항하여, 나가는 배를 놓치면 차와 사람이 꼼짝없이 정산에서 하룻밤을 묵어야 했다.

통합당시 예안면사무소가 있는 정산에서 1차선 비포장도로를 따라 임동면 위리를 거처 안동에 도착하려면 빨라야 2시간이었다. 구불구불 산 넘고 재 넘어 새로 낸 정산~안동 간 이설도로는 반대차선에 오는 차를 비켜가기가 어려운 상황이었고, 마을 간의 이설도로란 아예 없었다. 천전리, 미질리, 도목리 이장이 면사무소회의에 참석하려면 새벽밥을 먹고 산 넘어 오솔길을 도보나 자전거로 오가야 했다. 당시 공공기관 직원은 안동에서 출퇴근이 어려워 소재

1983년 주진교 선착장 ⓒ 권영목

지 마을에 사글세로 살림을 하고, 면 직원의 원거리 마을출장은 1박 2일간이
걸리기도 했다.

　이러한 상황이 안동댐 담수 10여년이 지나도 개선은커녕 자연환경보존지구
로 묶여 재산권까지 규제되니 지역경제의 피폐함은 날이 갈수록 심화되고 1
일 2회 운행하는 대중교통도 눈비만 조금 와도 완전 두절되곤 해 예안면 일대
는 명실상부한 낙도로 변해 버렸다. 이와 같은 현실적 어려움과 함께 산업화
바람으로, 수몰이 된 후에도 정산을 비롯한 면소재지 일대에 살면서 정든 고
향땅을 지키며 생업에 종사하던 주민들도 돈벌이와 자녀교육 등을 위하여 80
년대 후반부터 외지로 대거 이주를 하게 된다. 면소재지 인구도 이때를 기점
으로 점차 감소하게 되었다.

　이를 타개하기 위한 방안의 하나로 끊어진 길을 잇기 위한 주진교 건설이

와룡면과 예안면을 잇는 주진교 다리 출처: 예안면사무소

추진되었다. 예안면민들의 간절한 바램인 다리를 예안면과 도산면을 잇는 주진에 놓기 위해 당시 조병옥 전 월곡면장을 중심으로 지역의 뜻있는 이들이 주진교 가설 추진위원회를 만들고 국회의원초정 간담회를 비롯, 경상북도와 건설부를 수차례 방문하여 다리 가설의 필요성을 설득해 1991년 마침내 결실을 맺게 되어 주진교가 놓이게 된다. 주진교는 지방도 933호선 상에 위치하며, 와룡면 나소리와 예안면 삼산마을을 잇는 다리로 안동호를 가로질러 놓여졌다. 소금배가 드나들던 배나들 마을의 한자이름 주진注津을 따 주진교라 하였다. 1993년 주진교 개통을 기념하는 자리에 갓 쓰고 도포 입은 초로의 어른들부터 어린 아이들까지 남녀노소 면민들이 나와 만세를 부르고 다리를 건넜다. 안동댐이 건설된 지 20여 년만이었다.

# 구술로 풀어내는 수몰마을 이야기
## 물속의 고향을 기억하는 사람들

댐의 건설은 안동의 지형을 바꾸고, 그곳에 살고 있던 사람들의 삶도 송두리째 바꾸어 놓았다. 낙동강을 끼고 자리잡은 강가 마을에서 태어나 평생을 낙동강과 호흡하며 살아오던 사람들이 하루아침에 그 강으로부터 밀려났다. 안동댐이 생기면서 안동시 예안면 부포리를 비롯한 1개 시와 2개 군 6개 면 34개 리 53개 마을이 수몰되면서 3,134세대 2만 6백여 명의 수몰이주민들이 그들이 살던 땅으로부터 강제 분리되어 물에 잠기는 고향을 뒤로 두고 떠나야 했다. 수몰지구에 들어간 안동시 석동과 성곡동을 비롯하여 안동군에 속했던 도산면, 와룡면, 월곡면, 예안면, 임동면, 임하면의 수몰된 53개 마을은 몇 백 년에 이르는 전통과 역사를 이어온 안동문화권의 중심지에 속했던 마을들이었다.

안동문화권 중에서도 수몰된 북부지역은 고려시대부터 조선시대의 유교문화와 근대 민족사학과 독립운동까지 오랜 시간 전통과 문화를 지켜온 동성마을들이 세거해온 지역으로, 이러한 문화적 가치를 안타까워한 일부 연구자들에 의해 수몰을 앞두고 댐 수몰지역에 대한 학술조사와 조사보고가 부분적으로 이루어졌으나, 조사지역이 일부 지역으로 한정되어 있고 조사내용도 주로 문화재 발굴조사와 일부 수몰지구의 취락형태와 건축물 등 특정분야에 국한되어 있을 뿐이었다. 특히 안동댐 수몰지역의 경우 2~3개 마을에 한해 산발적인 조사보고서만 나왔을 뿐, 총체적인 현지조사와 체계적인 기록 작업이 이루어지지 않는 까닭에 수천 년 동안 축적되어 온 유무형의 문화재들과 유서 깊은 마을의 문화, 그곳에 살던 사람들의 흔적이 그대로 물에 잠겨 자취를 찾을 수 없게 되어버렸다. 대부분의 주민들이 뿔뿔이 흩어져서 타지로 이주한 까닭으로, 지역공동체가 지니고 있던 유무형의 문화자산들과 공동체 구성원들이 함께 공유하며 고유한 문화를 형성했던 주요 공간들도 함께 해체되고 기록조차 변변히 남아있지 않아 이들 수몰지역 역사문화에 대한 후속연구는 물론이고, 수몰민들이 물속에 잠긴 고향의 흔적을 찾아보려 해도 마을에 대한 자료를 공유하고 향유할 기억공간조차 제대로 없는 상태이다.

다행히 2000년대 들어오면서 '기억'과 '기록'에 대한 다양한 논의가 이루어지면서 공동체가 '기억'을 어떻게 사회적으로 기록화 하는가가 중요한 시대가 되었다. 다양한 분야에서 '기억과 기록' 관련 연구들이 활발하게 진행되고 있으며, 기억을 기록화 하는 방법 혹은 창구로써 구술사와 기록, 아카이브 등이 주목받고 있기도 하다. 안동댐 기록 작업과 관련하여 굴곡진 한국 근현대사를 오롯이 살아낸 이들의 생생한 목소리를 기록하는 작업에 관심을 가지고 수몰마을 주민들을 만나 이야기를 듣고 구술을 채록하는 것도 그런 맥락에서이다. 문자로 기록된 자료나 숫자화 되어 있는 안동댐에 대한 통계자료는 그 시대를 살아낸 개인들이 경험한 일들을 제대로 말해주지 않기에 기록되지 못한, 수몰지구에 속했던 사람들의 이야기를 그들의 목소리로 풀어내는 일은 중요하다. 구술은 경험자가 스스로 말하도록 함으로써 역사의 전면에 대두되지 못한 이들의 역사를 발굴 기록한다는 점에서도 의미를 지닌다. 구술된 경험은 이야기가 되고 기록이 된다. 구술이 개개인의 기억을 통해 시대를 들여다보는 하나의 통로가 될 수 있음이다.

이번 안동댐 이야기는 전부터 관심을 가지고 기록작업을 진행해 온 수몰마을 기록작업과도 무관하지 않은 측면이 있어 이전에 다루지 못했던 예안면 부포리와 귀단리, 그리고 도산면 의촌리를 중심으로 수몰마을 주민들의 이야기를 담고자 했다. 이 마을들은 또한 지금 안동호를 중심으로 새로운 공간들이 들어서거나 중요한 문화적 현상의 중심에 서 있는 장소들과 연결되는 마을들이다. 안동댐의 과거와 현재를 함께 이야기하기에 좋은 공간들이기도 하다.

부포동과 귀단동 공간에 주목한 것은 월곡면 미질동과 함께 수몰된 마을들 중에서도 수몰의 규모와 피해가 컸던 대표적 지역에 속하기 때문이다. 현재 안동댐 물길을 따라가다 보면 도산면 동부리에 들어선 유교문화단지와 이어지고 동부리 다래선착장과 부포선착장 사이 길이 끊기고 마을이 잠긴 호수 위를 주민들을 싣고 오가는 배를 만날 수 있는 곳이기 때문이기도 하다. 귀단동에서 부포동으로 이어지는 도로와 물길을 거슬러 가면 의촌과 섬마가 나오고 그 물길은 도산서원 앞을 지나 이육사문학관이 있는 원촌으로 이어진다. 다래선착장에서 배를 건너 왼쪽으로 틀면 부포고 오른쪽으로 틀면 귀단동 고통이다. 이 마을들이 도산서원을 중심으로 서로 문화와 생활권이 겹치는 부분이 많은 것도 한몫을 했다.


## 부포마을 이야기

예안면 부포리는 안동댐 건설로 수몰되기 전에는 안동군 예안면 부포동이었다. 부포동은 예안현을 오가는 길목으로 현에 속했던 부라원浮羅院에 사람들이 오가던 시절, 소금을 싣고 낙동강을 거슬러온 소금배들이 마지막 정박지인 이곳 강가에 이르러 머물며 강물 위에 떠 있는 모습에서 부포라는 이름으로 불리웠다는 설이 있다. 1974년 안동댐이 건설되면서 수몰지구가 되었다.

수몰 전의 부포동 전경 ⓒ 이대원

　수몰 전의 부포동은 200여 호가 넘는 동네로 안동댐 건설로 수몰된 동 단위 마을 중에서 월곡면 미질동과 예안면 서부리와 함께 가장 큰 동네였다. 부포는 원걸, 가름마(가늠골), 중마, 호소골, 월촌, 신촌, 샘끝, 햇골이 속한 1동과 역동, 청고개, 다래가 속한 2동으로 이루어져 있었는데, 역동은 부포1동과 나란히 강 오른쪽에 있었고, 다래와 청고개는 강 건너에 있었다. 비록 강을 사이에 두고 있기는 했으나 같은 성씨들이 동네마다 세거하고 있어 문화적 기반을 같이 했으며, 동계서원, 월천서당을 통해 퇴계의 학풍을 이었고, 우탁선생을 기린 역동서원이 세워졌던 곳이자 영남만인소 소수疏首를 했던 이만응의 계상고택이 자리한 곳이기도 하다.

　부포동은 지대가 낮은 마을부터 물이 들어차는 이치에 따라 담수가 시작되고 얼마 지나지 않아 나부산 아래 호수골과 가늠골 일부를 제외한 전체가 물에 잠겼다. 정월이면 함께 동제를 지내던 주민들이 어느 날 부지불식간에 산지사방으로 흩어지면서, 자랑스럽던 부포의 많은 것들이 물속에 사장되었다. 200여 호가 넘던 집들 중 대부분이 떠나고, 가늠골 산중턱과 호소골 산자락에 마을이 새로 만들어졌다. 부라원이 옮겨간 자리는 물속 마을이 고스란히 내다보이는 자리였다. 수몰이 되고도 마을을 떠나지 못한 사람들과 새로 이주해온 사람들이 골안에 둥지를 새로 틀었다. 물속에 고향을 두기는 떠난 사람들이나 남은 사람들이나 매한가지였다. 그후로 각자가 자기만의 방식으로 고향을 기억했고 그렇게 46년의 시간이 흘렀다. 이대로 시간이 더 지난다면 옛날의 부

부포마을 지도

포동 이야기를 기억하는 것은 부포동에 살았던 기억을 가진 사람들, 그들만일
지도 모른다. 그래서 잊혀지기 전에, 아직도 어제처럼 그곳을 기억하는 이들
의 이야기를 듣고 기록했다.

### 부포마을 사람들과 기억

부포1동 중마에 살던 이태원은 수몰을 앞두고 카메라를 빌려 74년 여름부
터 75년까지 부포동 일대 사진을 찍어 기록으로 남겼다. 당시 군대를 제대하
고 23살의 나이였던 이태원은 부포1동과 2동, 이웃마을 귀단리 일대와 예안장
터가 있는 동부리(현 서부리) 사진을 촬영해 남겼다. 또한 담수가 시작되고 물
이 차올라 마을이 물에 잠기는 22여 일 기간 동안의 모습과 당시 심경을 일기
로 남겼다.

내가 74년 6월 달에 제대를 했는데, 74년도에 제대하고 나니까 이미 이설도로 다 만들어 놓고 있더라고. 아직 담수가 안 된 때라. 이거라도 남겨놓아야겠다 싶어서 안동시내 나가서 카메라를 빌려서 물들기 전 동네사진을 찍었어. 74년 여름부터 찍기 시작해서 75년까지 필름을 한 30통 가까이 썼어. 그때 필름 한 통에 사진이 30판 정도 나왔어. 그런데 구도를 잡을 줄도 모르고 사진을 잘 찍을 줄 몰라서 못 찍은 것도 많애. 마을에 당나무도 있고, 엿집이며, 먹바위며, 뭘 찍어야 될지를 모르니까 그저 집하고 사람하고 들하고 보이는 대로 그래 찍었지. 산위에 올라가 서도 찍고 강 건너 가서도 찍고 해서 사진이 참 많았는데, 이리저리 옮길 때마다 수십 년을 가지고 다니다보니 사진 뭉탱이가 여기 저기 굴러다니는 게 보기도 싫 고 고향이 물에 잠긴 지 십수 년에 찾는 이도 없는데 무슨 소용이 있겠나 싶어서 다 버리다시피 했어. 지금 이렇게 찾을 줄 알았으면 더 간수를 잘할 걸 그랬어.

**그래도 사진을 차마 다 버리지 못하고 갈무리해 두고 꺼내보곤 하던 것이 30년의 세월이 지나 부포마을을 궁금해 하는 이들에 의해 세상에 나왔다.**

강 건너서 마을로 들어오는 입구에 촛대표지석이라고 부포동이라고 써진 표지석 이 있었어. 거기서 마을로 조금 들어와서 과수원 있는데 당집이 있었고 그 옆에 큰 팽나무가 두 그루 있었어. 거기서 조금 더 가면 부라원루가 있었어. 부라원루가 있다고 그 동네를 원걸이라고 그랬어. 거기 우물이 있었고, 길 따라 올라가면서 역 동, 가름마가 있고 중마가 있었어. 중마가 부포동의 중심지랬어. 우리집도 중마에 있었지. 중마에 예안학교 부포분교가 있었는데 우리는 분교장이라고 그래 불렀어.

그때 금씨종택이 부포못 조금 못 미쳐 있었어. 그리고 호소골 앞에 일제 때 판 큰 못이 있어서 호수골이라고도 했어. 못 안에도 마을이 잇고 못 아래에도 몇 집이 살았어. 호수 저쪽 입구에 곳집이 있었어. 부포에 곳집이 두 군데 있었는데, 하나 는 동네 사람들이 같이 쓰고 하나는 봉화금씨하고 우리 진성이씨들만 썼어. 중마

**부포분교장** ⓒ 이태원

하고 역동 가름골 이쪽은 남향이고 월촌하고 신촌 이쪽은 서향이래. 부포가 안동
에서 제일 먼저 경지 정리를 부포들에 했어. 그만치 들이 넓고 살기 좋았어.

그저 어디에 뭐가 있었다는 나열인 것 같은데 가만 들여다보면 그속에 동
네 사람들이 살던 모습이 보인다. 분교장에 대한 기억은 부포동 사람들만이
가지는 특별한 기억이라 하겠다. 수몰 전 살던 옛동네 이야기를 물으러 왔다
는 말에 하던 일을 멈추고 마실 것을 건네며 마을에 살았던 이들의 이름과 촛
대석과 미루나무숲과 당나무와 부라원에 대한 기억을 기꺼이 들려주었다. 각
자가 살아낸 시간들이 달라 말하는 사람따라 기억하는 이웃의 택호와 그 집
에 살았던 이들의 이름이 달라졌다. 젊어서부터 마을 일을 오래 봤던 이수창
은 마을에 살던 어른들 택호를 대부분 기억했다. 호소골 사는 이성락과 김동
수의 기억도 보태졌다. 어쩌다보니 같이 머리를 맞대고 지도를 그려나가게 되
었는데, 지난해 교직에서 퇴직한 이윤직과 올해 새로 이장 일을 맡은 강정섭
까지 뒤늦게 합류해 부포동 마을지도를 그려가며 자신이 기억하는 부포 이야
기를 들려주었다.

이건은 중마 분교장 앞에 살았다. 학교 앞이라 부종대가 있던 가게집 구판장이 코앞이었다. 부라원이 가까워 여름날이면 베개를 들고 가 그 위에서 자기도 했다. 어른들도 아이들도 각자 덮을 것을 들고 원에 자러가곤 했다.

예안서 오다가 여기 월천서당 있는 쯤에서 다리로 건너오면 고통가는 길하고 부포 오는 길하고 갈라져. 부라원 바로 옆에 당집이 있었고, 당집 주위로 큰 느티나무가 있었어. 부라원 지나 원거리에서 난 길을 따라 조금 더 가면 분교장이 있어. 분교장 앞쪽 여기가 우리 집이래. 아버지 택호가 주실이라 사람들이 주실할배라고 불렀는데, 우리 아부지가 한학을 해서서 동네서 한문을 가르치셨어. 나도 우리 아부지한테 한문 배웠지. 동네서 아부지한테 글 배우러 우리 집에 오고 했어.

**마을인지지도로 나타낸 수몰 전 부포동** 부포사람 이을원이 마을지도를 그림으로 그렸다.

마을에 물이 들어올 때 그도 마을에 있었다. 부친을 도와 지붕 서까래와 기둥을 호소골로 져날라 집을 지었다. 어른들 말로 어깨로 지은 집이다. 부포못은 부친에게는 두고두고 아픈 상처였다.

아마 댐공사가 71년도인가 그 무렵부터 공사가 시작되었는가 그랬을 거예요. 그때는 보상이 어떻게 나왔어도 박통 시절이라 보상이 적다 어떻다 말도 못하고 저거했었죠. 그런데 우리는 부포못 안에 우리 땅이 들어가 있었어요. 그거 때문에 아부지하고 금진동 어른하고 동장하던 분하고 세 분이 부포 저수지 안에 들어간 논 때문에 면소에도 가고 군청에도 찾아가고 했다 그래요. 지금도 농지원부 떼면 거기 우리 논이 얼마 있다는 게 나와요. 나오는데 이거는 수몰될 당시에 우리가 포기를 했었어요.

부포못 그 자리에 지금도 토지 지번이 살아있다.

부포못은 일제시대 때 막은 거죠. 못 막을 때 그때 아부지가 구장 일을 보고 있었어요. 1911년생이신 아부지가 30대 초반이셨다고 하니까 1940년 무렵이죠. 우리 논이 들어가도 구장 일을 보고 계셨으니까 더 말을 못한 거지요. 그때는 보상도 없이 못만 막은 거죠. 그래서 수몰될 당시에 이거를 보상 받기 위해서 세 분이 안동군에 가서 이야기를 하다가, 여기는 저수지인데 무슨 보상이냐고 포기하라는 걸, 못한다 하니까, 이분들을 경찰서 유치장에 가뒀어요. 세 분이 경찰서 유치장에 삼일을 계셨어요. 이장호씨는 동장이셨고, 금진동씨하고 아부지는 거기 땅이 있었어요. 그 보상 받는다고 군에 가서 따지고 그러다가 구류를 산 거지요. 그때 부포동에서 어른이시던 해제아재가 가서서 이 사람들 어떻게 하면 풀어줄 거냐 그러니까 포기각서를 쓰라 해서 각서를 쓰고 풀려났다고 이야기를 하시더라고요.

지번이 있으되 땅이 없어 보상을 줄 수 없다는 그때의 판결은 그렇다 치고 아직도 그 지번이 정리가 되지 않은 채로 있다.

## 다래와 부포나루터 이야기

부포서 강가로 나와 섶다리를 건너면 다래였다. 얕아졌던 물살이 조금씩 세지고 물이 차오를 때쯤이면 다래에 살았던 사공 어른과 부포마을 어른들이 섶다리를 놓았다. 그 나무다리를 건너 아이들은 강변길을 따라 내려가 학교를 갔고 어른들은 예안장을 장을 봤다.

> 잠수교 놓인 바로 그 자리 이쯤이래. 거기에 포플라나무를 베서 가로질러 놓고 그 위에 솔가지랑 흙으로 덮어서 그래 다리를 만들어 다녔어. 우리동네 어른들도 나가서 같이 놓고 그랬어. 부포사람들하고 고통 사람들은 거의 다 예안장을 봤어. 학교도 예안국민학교, 예안학교를 다니는 경우가 많았으니까 다들 다래로 건너다녔지.

부포에서 다리를 건너면 보이는 다래마을에서 가게를 했던 김지수의 말이다. 수몰 전 스물넷의 청년 김지수가 하던 점방도 나루터에서 멀지 않은 다래 길목에 있었다. 점방과 담배포를 같이 했기 때문에 오가는 길에 들러 담배를 사가는 이들이 많았다.

> 장날 되면 장에 갈 때 심심타고 한 갑 사 가고 오는 길에는 거의 한 보루 두 보루씩 사 가고 했어. 남포불에 넣을 기름도 사고 생필품도 사고. 장에서부터 사가지고 오자면 무거우니까 그런 거는 다래 와서 사고 했지. 담배 한 대 피워 물고 서로 동네 이야기도 나누고 하다보니까 누구네 혼사라던지 동네 소식도 우리가 제일 먼저 알고 했어. 강가 나루터 가까운 데 뱃사공을 하던 윤씨네 집이 있었고 그 옆에 주막도 있었어. 직접 술을 빚지는 않고 고통 양조장에서 한 말씩 드는 막걸리를 통째 받아와 팔고 했어.

횡성조씨들과 외손들이 살았던 다래의 월천사당
수몰을 앞두고 은행나무를 사당과 함께 뒤로 물러졌다

다래에서 배에 차를 싣고 부포로 건너간다 ⓒ 이미홍

다래는 부포2동에 속했는데 수몰 앞두고 도산면으로 편입이 됐어. 수몰보상통지서에 보면 주소가 도산면 동부리로 나와. 우리 자랄 때는 부포동에 속했지. 다래에 한 40여 집 살았어. 월천서당이 있는 곳이다 보니 횡성 조씨들이 많이 살았지. 서당 앞에 커다란 은행나무가 섰고 정자도 있었고. 다래는 조씨들 말고 다른 성씨는 대부분 사위로 들어와 자리를 잡은 경우가 많았어. 우리 모친도 월천선생 집안에서 시집을 왔어. 우리 아버지가 처가 동네에서 자리를 잡고 사신 거지.

물이 깊어지면 뱃사공이 배를 띄웠다. 부포나루와 다래나루를 건네주는 뱃사공이 다래마을 강가에 살았다.

부포 사람들이 배타고 건너서 예안 쪽으로도 많이 다녔지만, 다래 사람들이 장날 같은 때 부포에 정미소도 많이 가고 했어. 부포 원걸에 방앗간, 정미소가 있었거든. 거기 정미소 갈 때 근방 사람들이 다 이 섶다리를 건너 쌀을 지게에 지고 가던지 배에 싣고 가던지 그랬어. 다래는 동네가 적어서 정미소가 없고 부포는 동네가 크다 보니까 원걸에 정미소가 있었어.

뱃사공인 부친을 따라 그 아들도 배를 건너주는 일을 하다 마을을 떠난 것으로 기억하는데, 다래사랑 카페에 그 집 아들이 올린 나루터 사진이 있다는 이야기를 듣고 누가 사진을 구해 전해주었다.

나루터가 있으면 뱃사공들이 있는 것이 당연한 것처럼 주막이 없으면 섭섭한 일이었다. 배 시간을 기다릴 동안 목을 축일 막걸리와 추렴할 안주거리와 묵이며 국수 같은 요기할 것들을 파는 주막은 다래에도 당연히 있었다.

유하목 어른이라고 그 사람도 했고 주막이라는 게 주인이 여러 번 바뀌면서 이 사람도 하다가 가고 또 다음 사람이 하고 그랬어. 그리고 주막 이 위쪽에 김치독, 장딴지, 그릇 같은 걸 만드는 옹기굴이 있었어.

부포에서 다래 사이를 이어주던 뱃사공이 몰던 나룻배에 학교 다니는 아이들과 장에 가는 동네사람들이 가득하다. 출처: 부포사랑방 다래

그리고 다래에는 다른 수몰지구 동네와 다른 이질적인 풍경이 하나 더 있었는데, 다름 아닌 전투경찰대 막사였다.

여기 강변 둔치 여기에 뭐가 있었냐면, 122 전투경찰대가 있었어. 옹기굴 둔덕 바로 옆에 있었어. 그때가 유신시대에 전투경찰을 막 양성하기 시작하던 때래. 말하자면 뭐 동네를 감시하고 그런 게 아니고, 일반 경찰이 아니고 데모 하고 그런 거를 막는 훈련을 했던 게 아닌 가 싶어. 수몰되기 전에 철수를 했으니까 한 몇 년 있었지. 나중에 그 사람들도 일반경찰 순경으로 다 흡수가 된 거 같더라고. 강변에서 훈련하고 쭉 부대가 있었어.

오래 같이 지내다보니까 동네사람들과 친해져 같이 사진도 찍고 했던 다래에 주둔했던 경상북도 제 122 전투경찰대는 수몰이 되기 전에 강변 모래사장에 쳤던 천막텐트를 걷어서 떠나갔다. 그리고 다래사람들도 마을을 떠났다.

## 고향에 남은 부포사람들 고향과 마주하며 살다

부포동은 76년 여름에 수몰이 되었다. 마을이 설마 하루아침에 잠기지는 않을 거라고 떠날 자리를 가늠하며 차마 걸음을 떼지 못하고 주저하던 미련을 어림없다는 듯이 물은 순식간에 부포들을 삼키고 마을로 들이닥쳐 사람들을 내몰았다. 사람들이 타지로 쫓기듯 떠난 후로도 물은 저만치 빠져나갔다가 마당 앞까지 다시 차오르기도 하며 몇 차례를 들어왔다 나갔다를 하다가 76년을 넘기고 77년에야 완전히 수몰이 되었다. 부라원과 원걸을 지나 부포들을 단숨에 넘어 산 아래로 어깨동무하듯 이웃해 자리했던 가늠골과 중마를 거쳐 월촌, 신촌, 샘끝마을까지 물이 차오르면서 온통 다 잠기고 가늠골과 호

1950년대 홍수로 훼손된 부라원루를 중수한 기념식 ⓒ 중마 이건

마을 입구에 서 있던 **부포동 촛대 표지석** 멀리 부라원루가 보인다. ⓒ 중마 이태원

수골의 지대가 높은 곳만 남았다. 역동은 계상고택만 남았고, 강 건너 다래
도 뒤로 물러 이건한 월천서당과 정자를 빼면 오래된 은행나무 한 그루와 집
두어 채를 남겼을 뿐이다. 마을이 완전히 물에 잠긴 청고개는 자취를 찾을 길
이 없게 되었다. 남은 한 집이 재 너머 어딘가에 둥지를 틀었다는 말이 들렸
지만 미처 안부를 챙길 새도 없이 물에 잠긴 고향을 뒤로 한 채 모두들 뿔뿔
이 흩어져 제 살길을 찾아갈 뿐이었다. 마을 우물이며 빨래터며 당산나무며
동네 사랑방이며 다 물에 잠겼지만 그런 것을 돌아볼 여유가 없었던 것이다.
그나마 부포못 위로는 물이 들지 않아 호수골 사람들은 떠나는 이들의 이삿
짐 꾸리는 걸 도와주고 배웅을 하고 돌아서면서 남은 추수를 했다. 미처 떠나
지 못한 사람들은 호수골 빈 터를 찾아 집을 짓고 옮겨 앉았다.

이성락은 본시 호수골 골짜기 안에 살았다. 수몰이 될 때가 스무 살 무렵이

었는데 부포들에 토지가 제법 있었지만 보상금이 얼마가 나왔는지 어떻게 소용이 되었는지를 자세히 알지 못한다. 하여튼 논밭을 사거나 집을 크게 새로 지은 기억도 없는데 부친이나 형님 누구에게 그 돈의 행방을 묻지 않았기에 아는 바가 없다고 했다. 그는 수몰이 되고도 마을을 떠나지 않고 부모님을 모시고 농사를 지었고 중간에 마을 이장 일을 맡아 작년까지 15년간 동네일을 봤다. 그 중에 가장 잘한 일이 부라원을 지금 자리로 옮긴 것이라고 했다.

1975년 가름골로 이건했다가
2005년 호수골로 이전한 부라원루

휴가 나온 사촌과 부포못에서 ⓒ 이성락

> 내가 이장을 맡으면서 제일 먼저 한 일이 부라원을 지금 자리로 옮긴 거래. 수몰되고 처음에 가름골 꼭대기에 부라원을 옮겼어. 거기가 멀리서도 부포마을이 내려다보이는 자리라고 그리로 옮겨놓았는데

워낙 외진 곳이라 길에서 보이지도 않으니까 고마 한석봉이 쓴 부라원루 현판을 잃어버린 거래. 그래 원을 호수골로 이건하고. 부라원 역사가 깊은데 현판이 없으니 큰일이다 싶어 시에 찾아가고 해서 한석봉 글씨체를 따와서 부라원 현판을 새로 새겨 넣었어.


조부가 지었고 부친이 말년까지 거처하던 호수골 색포정 정자를 돌보기 위해 고향에 들른 금창업은 옛집터에 새로 지은 집에서 모친이 물을 길어 먹던 우물 이야기를 했다. 사랑에 손이 들면 댓돌 위에 신발 수를 세어보고 음식을 준비하던 모친은 내방가사를 잘 지어 시집살이와 동네사람들과 유람한 이야기를 가사로 지었고, 새벽이면 몇 길이나 되는 우물물을 두레박으로 길어올려 밥을 했다. 그 우물물을 동네사람들이 다 같이 먹었다고 하는 말속에, 두레박을 퍼올려 이웃 아지매 함지박에 따라주며 웃던 모친에 대한 그리움이 묻어난다.

우리집 우물물을 동네 사람들이 같이 먹었어요. 그때는 우리집 뿐이 아니고 부포
동에는 우물 있는 집이면 다 이웃하고 물을 같이 먹었어요. 모친이 우물물 뜨러
온 아지매하고 이야기도 하고 그랬어요.

그는 팔 남매 중 유일한 아들이다. 세 살이 되던 해부터 조부와 사랑에서 자며 이부자리도 펴고 요강도 비우며 자랐다. 지금도 색포정 마당을 쓸고 부엌 아궁이에 군불을 때고 있노라면 그 시절 사랑에서 조부가 글 읽던 소리며

금창업의 조부가 짓고 말년까지 지냈던 호소골 색포정

부친이 엄하게 의장을 갖추고 마당을 나서던 모습이 선하다. 어렸을 때부터 체득한 것들은 나이가 들어도 제 속에 들어있기 마련인지, 누가 시키지 않아도 저어하고, 때가 되면 이곳에 와 어른들이 노닐던 집 마당을 쓴다.

## 다시 돌아온 청고개

조점기는 1957년생으로 청고개에서 태어났다. 수몰 당시 고등학교를 졸업한 지 얼마 안 된 스무 살 청년이었다.

> 청고개는 부포2동에 속했지. 가구 수는 40가구 정도로 2동에서는 제일 컸어. 한양 조씨, 영천 이씨하고 진성 이씨하고 제일 많이 살았지. 역동 계상고택하고 거의 정면으로 마주보고 있었지. 북쪽으로는 부내하고 붙어서 거의 한 동네였지. 부내 위로는 도산면이고 그 아래는 예안면이라. 부내도 전부 다 수몰됐지. 우리는 이 동네 서부리로 왔고 다른 사람들은 안동 시내 몇 집 있고 대구 등지로 많이 갔어. 어른들은 남으셨고 형님이 부산에 계셔서 형제들이 다 부산으로 갔는데 나도 막 고등학교 졸업했던 때라 돈 벌러 부산 따라 갔지.

강 이편에서 소리를 지르면 마주보고 손을 흔들던 동네였지만 아무 때나 건너서 오갈 수는 없었다. 강이 있어 멀리 돌아가야 하는 일도 많았지만, 덕분에 두 마을은 같은 부포2동이면서도 짓는 농사도 달랐고 노는 문화가 달랐다. 친하면서도 자연 거리가 지켜졌다. 필요하면 나룻배와 섶다리가 통로가 되어줬다.

> 나룻배가 장마가 져서 물이 많이 불으면 역동 쪽으로 올라갔고, 물이 적으면 다래 앞에서 부포나루터 쪽으로 건너고 그랬어. 갈수기가 되면 거기에 나무다리를 놨 지. 내 기억에는 다리 기둥을 세우고 나무 송판을 쪼개서 그걸 위에 얹어서 만드는

송판 두 개를 갈라서 그래 나무다리를 놓았어. 다래 거기가 물이 줄면 손영호네 집앞 거기가 좁고 거리가 가깝고. 물살이 세기는 해도 폭이 좁고, 역동은 여울살이 있어서 여름에는 거기로 물을 건너기도 했어.

강물이 마을을 따라 흐르다보면 개울을 따라 마을 쪽에 붙기도 하고 반대편으로 붙기도 하면서 백사장을 형성한다. 백사장은 여름날 감자꾸지를 해먹던 놀이의 장소이기도 했다. 기억은 한 곳에 머무르지 않고 고향의 여기저기를 찾아 헤매인다. 중간에 몇 집이 어디로 갔는지, 동네 모습이 몇 번 드러났는지, 마지막까지 남아 있다가 언덕 위로 올라와 지금까지 고향을 한 번도 떠나지 않은 친구네와 잠실 이야기까지, 과거에 머물러 있지 않고 현재로 이어진다. 고향에 대한 그리움이 청고개를 둘러싼 기억을 어제처럼 선명하게 한다.

친구와 자전거로 통학하던 예안중학교 시절 마을 앞에서 ⓒ 조점기

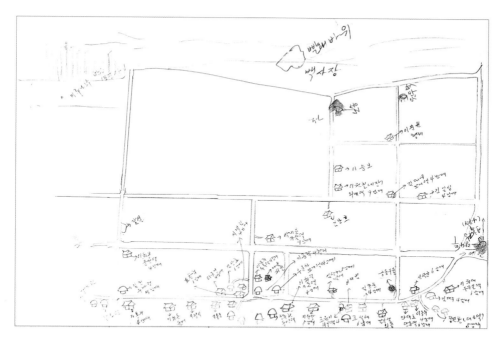

조점기가 기억을 떠올려 그린 청고개 마을지도

청고개는 수박하고 누에를 많이 했어. 들이 넓어서 수박이 잘 돼서 수박 딸 때 되면 장사꾼들이 수박밭 보러 왔어. 수박농사 지어서 차떼기로 팔고 했지. 뽕밭이 많았어. 다른 동네보다 양잠을 많이 했어. 우리도 누에 참 많이 먹였다. 잠실이 지금도 저 청고개 산 밑 우리밭 옆에 하나 남아 있어. 누에를 많이 해서 우리도 잠실이 있었어. 동네에 잠실이 한 열 서너 개 있었어.

70년대는 전국적으로 새마을운동의 기치 아래 마을마다 도로를 넓히고, 우물을 파고, 전기를 가설하던 시기이기도 했다. 당시 와룡면 소재지를 거쳐 예안면 소재지까지 전기가 들어오다 중단되어 있었다. 수몰이 확정되면서 전기공사가 중단된 탓이었다. 때문에 대부분의 마을에서는 그때까지도 호롱불이나 남포불을 쓰고 있었다.

부포하고 고통은 수몰될 때까지 전기가 안 들어왔어. 저 아래 와룡까지는 전기가 들어왔는데, 여기는 안 들어온 상태에서 수몰 발표가 난 거지. 그래 수몰된다고 하니까 수몰 지구는 아예 전기 가설을 시도를 안 했다고 봐야지.

어느 동네고 사람들이 모이는 장소가 있기 마련이다. 그것은 일종의 광장과 같은 성격을 띠는 동네 느티나무 아래이기도 했고, 우물가이기도 했고, 청고개처럼 마을회관이기도 했다. 청고개 사람들은 궂은일이나 좋은 일이 있을 때, 그리고 무싯날에도 마을회관에 모였다.

고향 동네 생각하면 제일 생각나는 곳이, 우리한테는 아무래도 회관이 그런 곳이지. 회관 앞 거기가 넓고 놀기가 그래 좋아. 어른이고 애고 다 회관 근처에 모여 놀았어. 왜 그런가 하면 회관 있는 데 거기가 뒷골에서 내려오는 물이 그 앞으로 흘렀어. 거기서 빨래도 하고, 마을여자들도 거기 발 담그러 오고. 우리 동네는 새마을 운동, 4H가 잘 됐어. 그때는 학생이래도 다 4H 들었어. 마을회관 거기에 4H구락부 간판도 있었어. 그때 마을길 닦고 퇴비 베고, 그런 거 했지. 동네서 술 받으러 가고 회관에 모여 풋구 먹고, 단합도 잘됐어. 지금 생각하면 우리 동네가 타성들이 모여 살다 보니 오히려 화합이 더 잘됐던 거 같애.

조접기는 수몰이 된 뒤 타지로 가서 그곳 주민으로 살다가 40여 년의 세월이 지난 뒤 다시 고향으로 돌아왔다. 그를 다시 고향으로 돌아오게 한 이유는 여러 가지가 있을 수 있지만, 다른 이유를 댈 것도 없이 고향이 좋기 때문이다.

청고개노래비가 청고개로 넘어가던 길목, 댐이 내려다보이는 언덕 위에 있다. 역동 계상고택에 살았던 이동열이 가사를 붙이고 노래를 지었다. 물속에 고향을 둔 사람들이 자신들의 마을을 기억하기 위해 표식을 세운 것이다. 일부러 찾지 않으면 무심히 지나치게 되는 언덕배기에 선 청고개노래비가 쓸쓸히 옛 마을로 이어진 강을 내려다보고 섰다.

지금도 청고개에 남아있는 잠실 월천서당으로 이어지는 선비순례길 옆에 있다.

이동열이 작사 작곡한 청고개노래비

노을이 푸르던 그 옛날에
이 위라 그리워라 그리
를 만큼 흘러가네
도 바빠 그 옛날 떠나기
이 위라 새운 대밤을 심구
물이라 주고 호수되었 그리
여 은 없다 인리수리되 앞강
차 길 피던 산마루로자들
꽃 던 산고 호르는 속 산

이천십오년유월상순상아 이후
가 나리면 비 다사되 한국 있으니 그
도전 이용열

## 두루댁의 청고개살이

두루댁 이용성은 1942년생으로, 두루종가가 있는 진성이씨 집성촌 와룡면 주하동이 친정이다. 숙부의 중매로 스물두 살 때 부포2동 청고개로 시집을 왔다. 신랑은 스물여섯 살의 영천이씨 이희용으로 1947년생으로 신부보다 다섯 살이 어렸다.

남편과 수박농사를 지어 돈을 모았다. 청고개는 모래들이라 그런지 수박이 유난히 잘 됐다. 수박농사가 잘 돼 형편이 펴이기 시작했을 때 수몰이 됐다.

수몰을 앞두고 청고개 마을회관에 모인 사람들 ⓒ 이용성

그때 지무시 차 그걸로 수박을 실어다 팔았어요. 수박을 싣고 안동상회에 가서 팔
았어. 단돗군이로 해놓고 골로 수박을 실어 나르는 사람이 있었어. 75년도에 보
상 타고 76년도 8월 달에 우리가 올라왔어요.

수몰이 되면서 청고개 사람들은 경주로 이주를 한 집이 여럿이었다. 남편
이희용도 경주로 가고 싶어했다. 남편이 땅을 사러 경주를 들락거릴 때도 두
루댁은 아이들과 분천에서 수박모종 농사를 지었다.

그때 우리 동네서 거기 열일곱 집이나 갔어. 갔다가 나중에 거기에 서너 집은 남고
나머지는 다 돌아왔어. 고향에서 산다고.

청고개 살던 두루댁에게 역동은 일가붙이가 있어 한 동네처럼 느껴지던 곳
이었다.

1960년 역동의 계상고택 출처: 『월곡 예안 통합 40년사』

우리는 거기 매원댁이라고. 큰 기와집이 남아 있잖니껴, 나는 집안 딸네라고 놀러 오라고 해서 건너가고, 가깝게 지냈어요. 거서 또 갈말댁이라고 일 거들러 오고, 치마 걷고 건너오다 물에 빠져 가지고 난리가 나기도 하고. 정월달에 윷 놀 때는 서로 와서 놀고 그랬어요.

자랄 때 글을 깨쳐 편지도 곧잘 썼던 두루댁은 제사 든 집에 대표로 제삿밥 보내라는 편지를 맡아 쓰기도 했다.

누구네 집에 제사를 지내면 한 집에 모여 앉아 여 사람이 몇 명 있다, 이래 써가지 고 편지를 보내면 제사 지내고 제삿밥을 가지고 와요. 제사도 맘 놓고 못 지낸다고 하면서도 제삿밥을 서로 다 챙겼어. 오 형제가 동네서 같이 살다 헤어졌지. 큰일 있으면 온 동네가 벅적했지. 재미는 그때가 좋았고, 먹고 사는 건 지금이 낫지.

수몰을 앞두고 음식을 해서 둘러앉아 먹고 강이 보이는 청고개들에 모여 기념사진을 찍었다.

이때 떠난다고 사람들이 다 모였어. 물들어가지고 간다고 헤어진다고 찍은 거지. 앞에 누운 여기는 청주서 수박 접 붙인다고 마을에 들어와 왔던 사람이래. 이 사람 들이 전부 수몰되기 전에 청고개 살던 사람들이래.

청고개서 십오 년을 살고 분천으로 이주를 했다.

물들고 우리처럼 청고개서 온 사람들하고 또 아랫동네 도산면, 예안면에서 이 동 네로 온 사람이 마구 스물일곱이래요. 멀리 못 가고 여기로 온 거지. 그때 여기로 많이 집지어 왔어요.

물들 무렵 나와 어느새 수몰된 지 40여년이 훌쩍 넘었다. 힘든 고비도 있었지만 고향 언저리에 사는 삶도 나쁘지 않았다는 생각이 든다.

다들 서울로도 갔고 경주로도 많이 갔고 서산도 갔고 대구도 많이 갔고, 팍삭 헤어졌지 뭐. 요새 생각하니까 그 사람들도 안 떠나고 남아 있어도 괜찮았지 싶어.

## 성성재를 옮긴 금씨들 이야기

부포동 사람들을 만나러 마을에 들어갔다가 성성재에서 불천위제사 소식을 들었다. 집안 대부분이 서울 등지로 멀리 이주를 하고 종택을 관리하는 이가 간간히 들리는 성성재 종택은 멀리서 제사 참례를 하기 위해 오는 후손들을 위해 불천위 제사를 낮 시간에 지내고 있었다. 타지에 나간 이들이 저마다 의복을 챙겨들고 성성재로 모여들고 사당 문이 열렸다. 제사 음복을 끝낸 후 부포서 살다 나간 금원수에게서 수몰을 앞두고 중마에 있던 성성재 종택을 지금의 동계서원 터로 옮겨 지은 이야기를 들었다.

옛말에 집을 옮기는 것보다 새로 집을 짓는 일이 쉽다는 이야기가 있어. 그만큼 옛날 기와집을 옮기는 게 어렵다는 말이지. 사실 성재 종택을 우리가 두 번 다시 지었어. 6.25 무렵에 집이 불타서 한 번 다시 짓고, 그리고 수몰이 되면서 뜯어서 여기에 다시 옮겨서 짓느라 숱한 고생을 했어. 종택을 옮기자니 우선은 경비가 문제가 되었어. 종가가 당시에 살림이 많이 축나서 어려웠어. 종가 혼자 힘으로 될 일이 아니야. 그래 전국의 문중에서 힘을 보탰어. 돈만 보탠 게 아니라 사람들이 와서 집을 뜯어 옮기는 것부터 다시 짓는 것까지 같이 한 거지. 여기 마당 앞에다서 말 밥을 할 수 있는 큰 가마솥을 걸고 밥을 하고 국을 끓이고 해서 먹고 자고 하면서 종택을 옮겨지었어. 그게 지금의 성성재래. 성재종택이지.

봉화금씨 사람들이 손 걸어놓고 옮겨지은 성성재 종택

수몰 후에도 무포 호소골에 모여 불천위 제사를 지내는 후손들
제사 때마다 고향을 찾는 봉화금씨들의 구심처 역할을 한다.

부포동에 살던 금씨들뿐만 아니라 전국의 문중 사람들이 힘을 보태고서야 종택 하나를 옮길 수 있었던 셈이니, 그 많은 고택들이 왜 옮겨지지 못하고 물속에 그대로 사장될 수밖에 없었는지를 짐작케 하는 대목이다.

## 놓이지 않은 부포동 다리 이야기

예안장터를 기준으로 하자면 부포동하고도 끝마을에 속하는 가름골에는 다 떠나고 아랫마을에 살았던 사람이 이제 세 집밖에 없다. 그 중 강정섭은 원래부터 가름골에 살았지만, 장원락은 중마에 살다 물이 들면서 가름골로 옮겨와 지금까지 살고 있다. 수몰이 되고 우선 불편한 게 교통이었다. 당장 길이 끊기니까 배가 유일한 교통수단이었다. 이설도로가 있었지만 비포장이라 흙먼지가 날리고 여기저기 파이고 버스도 다니지 않았다.

> 요새는 배를 타는 사람이 적지만, 그때는 다들 배타고 다녔지. 장날 되면 나루터까지 리어카나 지게로 짐을 날라서, 배에 싣고 건너가서 다시 내려서 버스에 옮겨 싣고 그래 장보러 다녔어. 도로가 나기는 했어도 볼일을 보기 위해 안동을 한 번 나가려면 정산으로 가서 임동을 거쳐 가거나 도산을 거쳐 와룡 지나서 가야 해서 한번 갔다 오려면 하루가 꼬박 걸리고, 농사 지어 장에 내다팔기도 어려우니 남아 있던 사람도 자꾸 나가는 거지.

장원락은 부포에서 다래로 건너는 다리를 놓아달라고 밤마다 서명 받으러 다니던 일이 어제일처럼 선명하다.

> 우리가 여기 부포하고 강 건너 다래를 연결하는 다리를 놔달라고 청와대에 진정서도 넣고 밤마다 예안면 동네마다 다니면서 서명 다 받고 해서 몇 번이나 진정서 넣고 찾아가고 했어. 바로 앞에 보이는 다래로 다리가 놓이면 하루 걸릴 게 반나절

이면 다 되거든. 댐 되면서 길을 끊어놓고 다리 하나 안 놓아준 경우는 여기밖에 없을 거래. 그래 우리가 다리를 놓아달라고 귀단하고 계곡은 물론이고 인계까지 밤마다 주민들 서명을 받으러 다녔어. 그런데 부포다리는 안 놓이고, 우리가 하는 거 보고 정산 사람들하고 서부리에서도 다리를 놓아달라고 했는데, 예안면사무소가 있는 정산하고도 더 가깝고 하니까 주진교가 놓이게 된 거지.

다리를 놓으려면 예안면 다른 동네서도 찬성을 해야 한다고 주민동의를 받아오라는 이야기를 듣고 이장과 몇이서 농사일을 마치고 밤마다 이웃 동네 주민들을 만나러 다녔다. 그런데 정산리 장터사람들이며 기사리사람, 도목리, 서부리 사람들도 길이 끊어지기는 매한가지 처지다보니 결론은 예안면에 다리를 하나만 놓아야 한다면 다래와 부포 앞에 놓을 게 아니라 예안면 전체가 혜택을 볼 수 있게 주진리에 놓아야 한다고 결론이 났다. 그렇게 해서 댐이 만들어진 지 20여 년 만에 와룡면과 예안면을 잇는 주진교가 놓이게 되었다.


## 귀단동 마실 이야기

예안면 귀단1동 고통·지촌·와운대는 안동댐 수몰지역 안에 자리하고 있다. 1976년 안동댐이 완공되었고 76년부터 77년, 78년에 걸쳐 저지대부터 차례대로 물에 잠겼다. 대상마을 중 가장 고지대에 위치했던 와운대는 78년에 완전히 수몰이 되었다. 고통과 지촌, 와운대가 있는 귀단동은 상대적으로 지대가 높아 보상도 75년도에 3차로 받았고 물도 다른 마을에 비해 늦게 들어찬 셈이었다. 그러다보니 정말 물이 우리 마을까지 차오를까 하며 갈 곳을 정하지 못하고 차일피일 미루며 비교적 늦게까지 마을에 남아 있다가 기어코 마을이 물에 잠기는 것을 보고서야 고향을 등진 사람들도 있었다.

예안면 부잣집으로 통했던 하계댁은 수몰 전에 고래등 같은 기와집 본채를 뜯어서 서울로 이건했는데, 그 뒤를 따라서 봉화금씨 일족들이 서울과 경기 김포 쪽으로 많이 이주했다. 고통마을 54가구 중 48가구가 이주를 했다. 그리고 마을이 완전히 물에 잠긴지 43여 년의 시간이 흘렀다. 떠나간 누군가는 부자가 되고 사회적으로도 성공을 했고, 누군가는 낯선 타지에서 살아가노라 힘들었지만 그럭저럭 살아내어 자리를 잡았고, 어떤 이들은 중간에 고향으로 돌아와 다시 자리를 잡기도 했다. 그리고 또 어떤 이들은 마을이 내려다보이는 산 위로 올라와 한 번도 그 자리를 떠나지 않고 지금까지 살고 있다.

고통사람들이 안동댐이 건설된다는 소식을 들은 것은 다래에서 부포로 건너오는 잠수교를 놓았던 60년대가 저물던 무렵이었다. 다래마을 앞 낙동강에 잠수교를 놓을 때만 해도 그동안의 불편이 없어졌다고 귀단동에서는 농악대를 앞세워 꽹과리를 치고 잔치를 했다. 잠수교를 따라 버스가 고통까지 들어오기 시작했는가 싶더니 어느 날 대통령이 국가발전을 위해 다목적댐을 안동에 건설한다고 발표를 했다. 그날 이후로 많은 것들이 바뀌었다.

### 와운대 수몰선 바로 위 도산댁 이야기

올해 89세인 금용훈의 집은 와운대 수몰선 바로 위에 위치해 있다. 작고한 부인이 도산서 시집와 택호가 도산댁이다. 지금 살고 있는 집은 수몰을 앞두고 75년경에 부친이 대목수를 불러 지은 집이다. 적지 않은 보상금을 받았지만 어른들은 떠날 생각을 아예 안하고 목수를 불렀다.

장인어른 상을 당해 정월 초하룻날 와운대에서 도산으로 가는 길 ⓒ 금용훈

이 집이 우리 부친하고 같이 물들 때 저

59

아래서 올라오면서 지은 집이래. 여 우리 집앞이 수몰선이래. 새로 지은 집 사랑방 아궁이에 군불 지피던 누님이 이집에서 혼인을 했어. 지촌에서 갔다고 택호가 지촌댁. 먼저 간 부인 친정이 저 도산면 단천이래. 내 동생도 진성이씨한테로 시집갔고, 막내 동생은 부포로 시집갔어. 집안에 진성이씨 하고 혼인이 많애. 대구로 시집간 여동생은 이 집 살 때 바느질 배운다고 예안면 '이동 양재학원'을 다녔지.

마을에서 잘 사는 축에 속했던 도산할배는 칠 남매 중 맏아들로 수몰보상금 받은 돈을 부친에게 받아 달성에 가서 한동안 과수원 농사를 지었다.

그때 나는 안사람하고 보상 찾아가지고 달성군 현풍으로 가서 땅 4천 3백평을 사서 농사짓고 생활을 했었어. 그런데 어른들이 노쇠해 일꾼들 부리는 것도 힘들어져서 정리해서 다시 들어와서 어른들 모시고 살았지.

부부가 어른들을 떠나 살았던 때로, 3년 전에 작고한 부인이 아들 못 낳는다는 시집살이도 없이 남편과 둘만 살았던 가장 행복했던 시절이었다. 그러나 고향에서 노구의 부친이 일꾼들을 데리고 농사를 짓는 것이 힘들어 현풍 농사를 접고 고향으로 돌아와 어른들 모시고 일꾼들 건사하기 시작한 것이 붙박이가 되어 지금까지 이어졌다.

3년 전 부인을 먼저 보내고 혼자 지내는 지금이 옛날에 비하면 여러모로 살기가 많이 좋아졌다면서도 이웃 간에 인정은 영 없어져버렸다고 한탄했다.

내가 동장 볼 때 그때는 귀단동이 고통, 지촌, 와운대. 올라오면서 80호가 넘었어. 사람이 많았어. 그때는 없이 살아도 이웃 간에, 친인척 간에 인정이 놀라웠어. 지금은 각자 사는 게 다지. 누 집에 생일이고 조그만 일이라도 있으만 불러서 같이 밥 먹고 그랬는데 지금은 그게 없지. 식구라고 많이 살아봤자 두 사람 그렇고, 우리는 칠 남매었어. 조부하고 부모님하고 남자로 내가 맏이니까 한집에 다 같이 살

수몰 전 와운대 집에서 누이 시집가는 날 뒷마당 풍경 ⓒ 금용훈

앉지. 저기 보이는 데 조부하고 부모님 산소 있지. 저기가 우리 문중 산이래.

수몰 때 동장 업무를 보고 있던 터라 자의 반 타의 반으로 귀단동 보상 관련 일에 참여해야 했다. 조부와 부친이 동네서 인심을 잃지 않고 살았기에 그도 보상 관련 일을 하면서 억울한 사람 없게, 공정하게 하려고 노력했다.

그때 내가 동장을 맡고 있어서 수몰 보상 찾을 때 토지 조사하고 그랬지. 내하고 고통 사는 용칠이하고 처음 농지 조사할 때 내가 했지. 우리 동네는 보상 관련해서 말 하나 안 났어. 불만 없게 하려고, 억울한 사람 있으면 안 되니까 내가 마을 사람 몇을 같이 데리고 다녔어. 보고 좋은 땅인지 나쁜 땅인지에 따라서 어떻게 등급을 매기는 지 다 보여주고 그래 했어. 그러니 원망이 없었어. 그때는 나라에서 하는

**조부상 때 상여 나가는 장면** 멀리 와운대 마을과 구름들이 보인다. ⓒ 금용훈

일이다 보니 보상 찾기도 쉬웠고, 조치법이 있어서 뭐 보상이고 뭐고 일사천리로 됐지. 정부가 무소불위로 했지. 고통은 다 흩어졌고, 나 많은 윗대 사람은 다 죽었고, 젊은 사람 김세중 거는 부산 있고, 지촌은 김포로 많이 갔고 우식 씨 거는 가송으로 갔고. 그래 하마 사람이 죽고 해서 빈집이 반 가까이 돼.

## 와운대와 지촌 사람들

와운대 사는 박원복은 1953년생으로 휴전이 되던 해에 태어났다. 스물여덟에 스물여섯이던 아내와 혼인했다. 와운대는 1976년에 물이 차올라 수몰이 되었는데 4형제 중 맏이였던 그는 그때 군대에 있었다. 바로 아래 동생이 부친과 집을 산아래 밭자리로 옮겨지었다. 제대 후 봉화 영풍그룹에 다니다가 맞지 않아 그만두고 부친을 대신해 농사일을 이어받아 지으며 고향에 정착했다. 강 건너 밭에 어린 사과나무를 심어 놓은 것이 보인다. 물들기 전에는 동계수를 건너서 걸어 다니던 1㎞ 남짓하던 길이 태곡으로 6㎞를 돌아 귀단2리 가래실까지 농사지으러 가는 길이 되었다.

> 4형제 중 다 나가고 나만 여 남았지. 우리는 떠나는 건 생각을 못했지. 내가 맏이니깐. 나도 객지에 나갔다가 부모들이 연세가 많으이깨네, 농사일 하려고 내려왔다니까. 우리 아부지가 6.25때 참전을 해서 원호대상자라 일자리를 주선해줘서 군대 갔다 와서 영풍 제련소에 있다 내한테는 안 맞아서 와운대로 돌아왔지.

## 수몰 전에는 열일곱 집 정도가 동네를 이루고 살았다.

> 저 아래 있을 때 스무 집 가량 되는데 집이 멀리 떨어져 있지 않고 바로 이웃해 모여 살었어. 그때 우리 집하고 몇 집이 끝까지 남아있었지. 그래 가주고 면에서 나왔지. 전부 다 산지 부락이 되다 보니까 그때 다들 급하게 자기네 땅뙈기 있는데

물이 빠졌을 때 드러난 귀단동 와운대 전경 ⓒ 이원길

집을 지었다고. 그러다 보니까 아직 우리 동네가 각자 저래 집을 짓고 살아도 전부 무허가 집이래. 아직까지 무허가래. 땅이 아직도 밭으로 돼 있지. 이 위에서 산 지 오래되니까 대지로 변경을 하라고 통지가 왔어. 그런데 돈이 들어가니까 다들 안 하고 살던 게 지금까지 살고 있지. 당시에는 그런 거 할 생각도 못했고, 시골이 다 보니까 다들 그냥 산거지.

땅값이 이미 오를 대로 오른 뒤인 제일 늦은 시기에 어중간하게 나온 보상 금을 들고 갈 데가 마땅치 않아 주저하고 있었던 사람들이 당한 서러움이었 다. 그래서 급하게 옮겨 지은 집들은 허술하기 일쑤였다.

우리는 집이 갑자기 헐리는 바람에 집도 중요한 거만 챙기고 다른 건  챙기지도 못했어. 대노가 지촌, 한호도 지촌이래. 한호, 주필이, 만동, 원탁이, 원경이네, 정

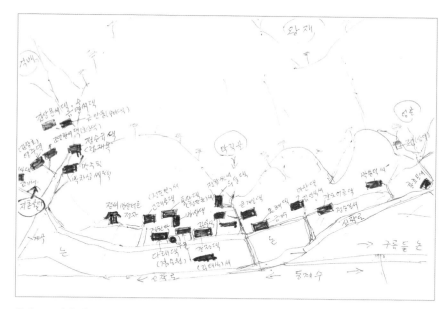

우편으로 전해 받은 수물 전의 귀단동 지촌 마을지도(김대노 작성)

원경이 지금 지촌으로 귀촌해 있어. 그전에는 지촌하고 와운대가 한참 떨어져 있었지만 물들고 지금은 동네가 붙어있다시피 하다 보니까 이제 주소가 한 마을이래. 우리 집이 와운대길 29호, 도로명주소가 여서부터 만동이네 집까지가 다 와운대길이고, 그다음 고통부터는 부포길이래. 고통은 부포로 들어가.

옛날 와운대 살던 이웃들 이름을 손으로 꼽아가며 자신만의 와운대 마을지도를 그렸다. 지도를 그리다 다른 동네처럼 변변한 마을 사진 한 장 없는 걸 아쉬워한다.

옛날 와운대 살던 사람들 다 생각나지. 와운대가 보자, 마구 한 17집이었나? 지금 현재 네 집 살고 다 나갔지. 금용훈, 금용훈 숙모되는 이복녀, 그 다음 이옥년, 그 다음 우리 만동이는 지촌, 지촌은 정씨들이 많았지. 옛날에 한산어른, 하재어른,

65

창원씨네, 금장훈이, 지촌도 우리하고 수가 비슷했어. 지금은 지촌하고 와운대가 한 동네나 마찬가지지.

뚝뚝한 얼굴로 옛날애기 해봤자 좋은 거도 없다면서도 정작 종이 위에 표시한 집 중에 같이 살던 이웃이 하나라도 빠질까 노심초사하는 몸짓에 고향이 느껴졌다. 또래 친구들 이름과 함께 소환되는 고향 사람들 이야기 속에 앞뒷집 살던 이웃 이야기들이 더 묻어났다.

그때 상여는 지촌 여어 있었는데. 옛날에 상여계를 하면은 여는 와운대 지촌, 도랑 건너 가래실까지 그래 상여계를 같이 했어. 지촌 와운대는 귀단1리고 가래실은 동계수 건너 귀단2리지만 거리상 가까우니까 동제를 같이 했어. 고통은 마을이 커서 따로 상여계를 하고 곳집도 따로 있었어. 상을 당하면 같이 상여 매고, 그리고 유사를 지촌 하나, 와운대 하나, 가래실 하나 그래 정해놓고 했지. 유고가 생겼다 그러면 모여가지고 유사가 전부 다 연락을 하고, 장을 보고. 그래 했지.

박원복 이장이 들려준 지촌과 와운대 그리고 건너 가래실, 세 동네가 같이 지낸 동제와 상례 이야기는 공동체가 수몰을 겪으면서, 사람들이 줄면서, 어떻게 변모되어 가는 지에 대한 이야기를 하고 있었다.

우리는 옛날식으로 상 당하면 상여 다 매고 했어. 늦게까지 그래 하다가 안 한 지가 거지 한 십오 년 정도 됐을 거래. 곳집에 옛날에 대체상여(큰 상여)가 있다가 사람들이 다 빠져나가고 인구가 적어지다 보니까 상여를 또 하나 새로 했어. 옛날 나무로 된 큰 상여 대체가 있었어. 그게 아직 곳집에 있어. 있는데 관리를 안 하니까 그게 무너졌지 싶어. 관리를 못하니까. 지금은 새로 상여를 구입해서 하다가 지금, 곳집이 저 위 큰 도로 위에 있지. 지촌 저쪽 옛날 태원씨네 집 뒤 커브 도는데 등날에 있었어. 그게 옛날에 공동지래. 안 멀어. 길에서 바로 올라가면 있어.

거 한 번 어디서 취재하러 왔디래. 안내를 해달라 해서 가보니 곳집 안에 독사가 있어. 내가 세 마리를 잡았는동 그래. 관리를 안 하니까 문도 열려 있고 하니까, 사람들이 무서워 못 들어와. 상여가 나무상여 큰 거 그게 좋기는 좋았는데. 그때 스물넷인가 그래 상여를 맸어. 한쪽에 열두 명씩 맸어. 수몰 후에 많이 맸지. 어른들이 차례차례 돌아가시니까. 수몰 전 그때는 동네에 젊은 우리 또래가 많았어. 그저 품앗이해가며 농사짓고 나무하러 같이 다니고 고기 잡고 그랬지.

수몰은 친구도 가져갔고, 마을 사람들끼리의 인정도 도리도 가져갔다. 시골에서 농사를 짓지만 쌀은 와룡농협에 가서 사먹는다. 안동호의 물색이 짙어져 가는 만큼 물가에 깃들어 사는 사람들은 나이를 먹어가고 마을에 사람이 줄어가고 있다.

## 고통골 계남댁 이야기

예안면 귀단동 고통골에 살고 있던 금용갑은 댐이 들어선다고 해도 정확히 그것이 어떤 의미인 줄은 알지 못했다. 동장하고 면서기들이 집집이 식구 수며, 짜투리 논밭이며, 소, 돼지, 닭, 동구 밖 감나무에 뒤안 살구나무 수까지 세어 가면서 보상이 나올 거라고, 우선 집부터 구하던지 하라고 해도 도무지 어디로 가야할 지 무엇부터 준비해야할 지 몰라 막막해하다가 일단 언덕 위 비어있던 구미댁 집으로 갔다가 다시 금씨 재궁으로 옮겨 살다 지금 집을 사서 그 뒤로 쭉 살아왔다. 부인인 계남댁은 도산면 하계가 친정으로 시집왔을 때 같은 마을에 이미 하계댁이라는 택호가 있어 계남댁이 되었다. 하계 남쪽에서 왔다고 택호가 그리 정해졌다.

우리는 스물다섯에 혼인했는데 뭐. 우리는 혼인이 좀 늦었는데 군대에 가 있을 때 혼인 말이 나와가지고, 휴가 나와서 아침에 하계로 가서 혼인 했어. 안사람 외사촌이 중신을 섰는데 옛날에는 다 그래 연줄로 혼인을 했어. 연줄로 하이 안 속고 그래 했지.

신랑이 군대에 가 있는 동안 밥하고 빨래하며 열둘이나 되는 시댁 식구들 뒷바라지를 했다.

우리 친정에는 딸이 많애 가지고.. 딸이 여섯인데 내가 다섯째래. 우리 집이 하계라 하계서 가마 타고 의인 쪽으로 섶다리 건너서 그래 시집왔지. 시어른 택호가 수곡댁인데 시집을 오니까 시댁에 식구가 열둘이래. 내 시집온 다음해 시어른이 돌아가셨어. 바깥에서 제대하고 분가를 했어.

큰아들이 국민학교를 다닐 무렵 댐을 만든다는 이야기가 들려왔다. 단촐한 살림살이였지만 살 곳이 마땅치 않아 재궁으로, 잿골로, 고통골로 지게며 수레로 여러 번 짐을 옮겨야 했던 이주였다.

논싯골 밭에 간 고통 계남댁

우리가 물들기 전 금씨네 정자 밑에 살림나서 집 지어 살고 있을 때래. 우리는 보상도 적고 물려받은 재산도 없고 해서 나와 가지고 살림을 일구어 지금 이렇게 사는 거지. 우리가 물을 피해 이리 올 때는 날도 안 받고 그냥 쫓겨오다시피 했지. 물은 들어오고... 바쁜데 또 역동서원에서 불이 나 가지고 집 싸다가 동네 사람들이 다 가서 끄고... 야단이었지.

수몰을 앞두고 이삿짐을 싸다가 팽개쳐두고 가서 강물을 퍼날라 불을 껐다. 큰불이 아니었던 데다 동네사람들 덕으로 역동서원은 다행히 피해가 심하지 않았고 문화재 이건 방침에 따라 안동대학으로 이건을 했다.

맏이는 태곡에 있는 동계국민학교를 다니다가 수몰이 되면서 월곡국민학교를 졸업하고 중학교를 인계로 다녔다.

우리 애들이 중학교를 인계중학교를 통학을 했어. 걸어다니다가 고통서 학교까지 20리 길이라 나중에는 태곡 오씨네 집에 자취를 시켰어. 수몰되고 한 8~9년이 힘들었지. 그때는 장작을 땔 때라 나무를 해가지고 쌀하고 군불 땔 땔나무를 해서 같이 지게로 지고 갔다 주고 그랬어.

수몰 전에 고통마을 뒤 이설도로 공사를 일신토건이 맡아서 했는데, 길 공사라고 해야 당시 신작로라고 부르던 큰길 하나였고 골골이 올라앉은 마을로 내려오고 올라가는 길은 동네사람들끼리 알아서 닦아야 했다. 뒤이어 들어온 버스가 하루에 한두 번 다닐까 말까 한 것도 있지만, 길은 자고로 내려가는 것이 더 쉬운 법이었다. 큰길까지 짐을 이고 지고 올라가는 것보다 물이 있는 아래로 내려가 배를 타는 일이 그나마 힘을 더는 일이라 주로 뱃길을 이용했다.

시내 한번 가려면 요촌까지 가서 배로 호수를 건너 다시 차를 타고 안동 가야 됐지. 정산에 장터가 새로 생겼지만 고추나 약초 금을 조금이라도 더 받으려고 다들 안동장을 가고 그랬지. 고통에도 단골로 오가는 장사꾼이 두어 사람 있었어. 내다 팔기 어려우니까 동네 오는 단골 장사꾼한테 고추고 깨고 팔아서 돈 사고 그랬지.

## 고통마을 이원복의 그해 여름

안동댐의 담수를 앞두고 있던 무렵, 이원복네는 나락 추수를 앞두고 있었다. 며칠만 더 기다려 추수를 마치는 대로 떠날 채비를 하고 있을 때 물이 들어왔다. 추석을 막 지난 오전 나절이었다.

물이 드는데... 우리가 모친 산소 아래에 논이 있어. 그 논이 막 추수를 앞두고 있었단 말이래. 그런데 막 물이 차 들어오는데, 저 아래서부터 댐 물이 차며 들어오는데, 못에 물이 넘치면 우리 논에 봇물이 들어온다고 우리는 그 와중에 논둑을 막은 거야. 막으면 될까 싶어가지고, 막고 몇 시간이 채 되기 전에 물이 논까지 다 차버리더라고. 왜 막았냐면 논에 나락이 누렇게 고개를 숙여가지고 막 추수를 앞두고 있었거든. 그게 물이 드니까, 그거 물 들어가는 거 보고 그러고 떠났다니까. 이사를 갑작스리 갔어. 마지막까지 농사를 짓고 있었거든.

그해 농사지은 걸 거두어서 떠나려고 지체하고 있었던 것인데 그게 한순간에 헛고생이 되고 말았다. 댐에 물이 찬다는 게 담수가 된다는 게 어떤 것인지 한 번도 본 적이 없었기에 몰랐던 것이다.

우리는 그전에 그런 경험을 못 했으니까 댐 물이 그렇게 무지막지하게 차오른다고 생각을 못 했지. 우리 논이 도로 안에 있었는데 물이 도로를 넘어올 거라고는 생각을 못 했지. 이쪽 보로 들어오는 물만 막으면 된다고 생각했지. 들이차는 물을 피해가며 온힘을 들여 간신히 둑을 막았는데 불과 네다섯 시간 지나니까 몽땅 물에 잠겨버리더라고. 그걸 고만 힘이 빠지더라고.

그해 고통들만이 아니라 부포들도, 미질의 수대들도, 군자리 외내들도 같은 상황이었다. 아침에 밥을 해 먹고 빨래를 걸어놓았던 마당이, 불과 몇 시간 전에 발을 디뎠던 논과 밭이 눈앞에서 사라지는 걸 보고나서야 댐에 물을 채운다는 게 어떤 것인지를 사람들은 알았다. 살던 집 초가지붕이 물속으로 사라지거나 물 위를 둥둥 떠다니는 모습을 본 사람들은 그제야 미련을 버렸다. 아니 버릴 수밖에 없었다.

> 그때는 다들 살기가 어렵던 때라 한 해 추수하면 그게 큰 덕이랬거든. 농사를 다 지어가지고 나락이 고개를 숙여가지고 며칠만 있으면 벨 참인데… 그게 물에 잠기는 걸 보고, 짐을 싸가지고 떠났거든. 우리는 그때 안동 시내 당북동에 집을 사 났는데 갑작스레 그래 되니까 아직 날짜가 안 돼서 집에를 못 들어가고 우선 셋방 엘 들어갔어.

그날 밤 셋방에 들어가 누우니 얼마나 헛헛하던지 잠을 못 이루었던 원복 씨네는 급한 데로 이삿짐을 풀었던 안동에 얼마간 살면서 일자리와 거처를 물색한 끝에 대구로 가서 자리를 잡았다. 이제는 옛말을 하고 살지만 누렇게 익은 벼가 물에 잠기는 모습을 뒤로 하고 떠났던 그날의 기억이 지금도 선명하다. 아마도 그때 두고 간 것이 논의 벼만은 아니기 때문일 것이다. 그 속에는 온 식구들이 몸담고 살아왔던 터전을 하루아침에 내주고 떠나야 했던 막막함과 설움도 기억 저편에 함께 저장되지 않았을까 생각한다. 수몰된 후로 한 번도 제대로 들여다보아 주지 않았던 설움이기에 해소되지 못하고 박제가 되어버린 기억인지도 모른다.

## 고통마을 정유생 친구들 이야기

이원길과 친구들은 고통마을 57년 정유생이다. 동계국민학교 동문이기도

1975년 이전 도산서원 앞 이제춘 한동원과
ⓒ 이원길

하다. 마을 앞 동계수에서 자맥질을 하고, 자라면서 낙동강 벼룻길을 오르내렸고, 더러 도산서원으로 소풍을 갔다. 마음이 맞으면 쌀 됫박을 매달고 청량산으로 답보를 가기도 했다. 수몰이 되고 각자 마을을 떠났던 76년에 스무 살을 막 지나고 있었다. 누구는 도시로 갔고 누구는 고향 언저리에 남았다. 대학에 간 친구도 있었고 일찍 사회에 발을 내딛은 친구들도 있었다. 각자 처지도 형편도 달라졌지만 눈부신 청춘의 한 시절을 같이 보낸 친구들은 마을을 떠난 후 지금까지도 향수를 지우지 못하고 있다.

자식들이 어느 정도 자란 2007년경부터 우리가 만났거든. 주로 고향 땅에서 만났지만, 돌아가면서 한 번은 평창에서, 한 번은 통영에서 했고, 그전에는 문경에서 매년 만났는데 올해는 여기 고통에서 할라 캤는데 그 늠의 코로나 때문에 중단이지. 고통마을에 우리 57년 정유생 동년배들이 한 20명이 넘거든.

그 친구들의 만남이 고통마을 사람들 만남의 장으로 이어졌다. 정유생이 축이 되어 헤어지고 32년 만에 고통마을 모든 사람의 재회가 이루어졌다.

2008년도에 우리 또래들이 중심이 돼서 강산이 세 번 바뀌고 나서 고통사람들 모임을 했어. 전국으로 흩어진 사람들의 거취를 수소문해서 연락처를 알아내고 해서

1975년 도산서원 앞 원길과 친구들 ⓒ 이제춘

수몰된 동네 물 빠진 그 자리에서 천막치고 모였는데, 76년에 황망하게 헤어진 뒤
로 처음만나는 분들이 많앴어. 다들 보자마자 손 붙들고 웃고 울고 그랬지. 그때부
터 해마다 모임을 계속해오다가 2017년도에 마지막으로 하고 그만하려고 했어.
우리도 나이가 육십이 넘었고 그만하면 됐다 싶었어. 그러나 우리 한두 해 위 형님
들이 계속해야 된다고 자꾸 그래서 구석이 그 친구네 학암정에서 모임을 더 했어.
우리 친구들은 연락하는 것도 그렇고 경비 걷는 것도 그렇고 자주 모이다 보면 언
짢은 일도 생길 것 같아 그만하려고 했는데, 어른들이나 위의 형님들은 안 된다고,
경비는 본인들이 부담할 테니까 계속 모임을 맡아서 해달라고 우리한테 부탁을 해
서 어예 계속하게 되네, 그게.

　고통사람들 모임을 계속하면서 이원길은 고통사람들 이야기를 쓰기 시작했
다. 일기에 차곡차곡 쟁여두었던 자신의 이야기인 동시에 고통사람들 모두의

32년 만에 고통 옛 정미소와 양조장 터에서 만난 사람들 ⓒ 이원길

이야기였다. 처음 한 사람, 두 사람의 이야기를 듣고 기록하고 한 편의 글로 다듬어 차곡차곡 모았다. 언젠가는 고향사람들 이야기를 쓰리라 생각하며 살아왔기 때문이었다. 그걸 알게 된 사람들은 내 이야기도 써달라고 우리 아부지 어매 이야기도 써주면 안 되겠냐고 낡은 앨범 속 사진을 찾아 보내오기도 했고 오래 전 고향에서 있었던 간곡한 사연들을 보내오기도 했다. 꼭 책을 만들어 보라는 기대가 이어졌다. 이원길이 쓴 고통마을 이야기 〈본심이〉는 그렇게 해서 나온 책이었다.

　그때 뭐라도 하고 싶은데 아무것도 하지 못했던 마음이 지금까지 이어져왔던 거 같다는 이원길은 2019년에 수구초심으로 귀향했다. 틈틈이 고향 사람들을 만나 옛날이야기며 수몰 후 남아서 살아온 이야기를 듣고 기록하는 일을 계속하고 있다.

도산면 원촌리 원대정에 짐을 부리고 지내다가 옛 예안장터 예끼마을에 정착했는데, 귀향 후 일상을 묶어 두 번째 고향 이야기 〈원촌일기〉를 냈다. 마을에 남아 평생을 보낸 이들과 달리, 수몰 실향민으로 객지살이를 하다가 귀향했다는 점에서, 자신과 고향사람 들의 이야기를 글로 풀어내고 있다는 점에서 타의에 의한 고향 상실을 겪으며 살아온 사람들이 어떻게 시대와 화해하고 잃었던 고향에 돌아오고 있는지를 보여준다. 마을에 물이 차오르던 그 장면이 지금도 선명하게 기억난다는 그는, 고향은 비록 없지만 고향 산자락 언저리 저기쯤에 돌아와 사는 지금이 좋기도 하지만 옛날 고향 인심은 아니더라고 쓸쓸한 일면을 솔직히 드러내 보이기도 했다. 먹고 사는 일이 참 중한데 일거리가 많지 않은 것도 고민 중의 하나이다.

고향에 산 날보다 객지인 부산, 대구에서 산 날들이 훨씬 많고 길지만 스스로 부산 사람이나 대구 사람이라고 느낀 적이 한 번도 없었다. 근대화와 산업화의 물결에 밀려 고향을 떠나 몸을 부린 도시의 집은 내 집 같지 않았고 흔히들 말하는 제2의 고향이 되지도 않았다.

자신은 안동 사람이라고, 언젠가는 고향에 돌아가 살 거라고 내심 마음을 먹고 있었기에, 비록 옛날 인심은 아니지만 그래도 먼저 간 친구 규삼이네 집도 보이고, 아부지 어매 산소도 고통골에 있고, 산모퉁이를 서너 개 돌아들면 근동에 살았던 어른들 얼굴도 한두 분 보이는 여기가 좋다.

서울에서 건축업을 하며 요양원에 계시는 모친을 보러 자주 안동을 찾는 친구 이제춘은 올 때마다 고향의 산과 들을 걷는다. 고통, 부포, 태곡 일대며 청량산, 내살미, 왕모산성까지 길을 잡아 산행을 한다. 그가 고향을 기억하는 방법이다. 물이 빠지면 강가로 내려가 와운대, 지촌, 고통으로 거슬러 오르며 옛날 집터 자리며 친했던 친구네 집도 찾아보는 것이 일상이 되다시피 했었는데, 이제는 대부분의 날들이 만수 상태라 고향 집터를 본 지 오래다.

귀단리 뒷산을 산행하려고 부인과 같이 온 길에 친구 집에 잠시 들렀다가

물들 무렵 청량산 아래 관창리 배사무나루에서 고통마을 친구들 ⓒ 이원길

몇 십 년 전의 고향이 흐릿하게 표시된 항공지도 한 장에 자리를 뜨지 못했다. 그 마음에 날만 새면 쏘다녔던 고향이 가득하다.

야, 여기 지도에 고통이 다 나오네. 이런 게 있었네. 여기가 부포나루고, 다래서 이리로 건너 다니고, 건너면 여기가 바로 우리 동네 고통이지. 여기가 고통들, 하계어른네 과수원, 여기로 학교 다니던 길, 청량산 가던 길, 도산서원을 이 길로 해서 갔지. 고통 옆에 부포, 부포도 컸어요. 부포하고 고통하고 동네가 컸어.

이야기가 미처 다 받아 적을 겨를도 없이 쏟아져 나왔다. 그런 와중에 들은 이야기 한 토막이 고통을 새롭게 보게 한다.

고향 뒷산 두루봉에서 내려다본 수몰 된 고통마을. 멀리 다래마을도 보인다. ⓒ 이원길

그때 고통이 참 살기 좋은 곳이랬어. 여름에는 물가라 시원하고 겨울에는 양지녘
이라 따뜻해서 도산서도 오고 군자리서도 오고 어른들이 겨울나러 오는 곳이랬어.
군자리는 첫눈이 오면 봄이 돼야 녹았어. 군자리 사는 나이 드신 집안 어른들이
겨울난다고 보따리 싸들고 이리로 와. 집안 간인 친척집에 머물며 겨울을 나는 거
지. 그런 집안들이 많았어.

　이제는 보기 힘든 정겨운 그 겨울의 어른들 온기가 그리워지는 이야기가
기억 속에 저장되어 있다가 어느 순간 자기도 모르게 툭 던져지듯 세상 밖으
로 나온다. 그곳에 살지 않은 이들에게는 그저 검거나 조금 덜 검은 회색빛의
항공지도일 뿐이건만, 그는 지도에서 강으로 난 길을 눈으로 손으로 짚어가며
기억의 실마리를 풀어내기 바쁘다.

그때는 도산서원으로 친구들하고 놀러를 많이 갔어. 주로 서원으로 갔지. 여기 고통서 부포로 해서 다래로 건너가서 서원 앞 강변 따라 섬마로 가는 거지. 우리 때 서원 앞에 조그만 다리가 있었어. 지금은 물이 차면 못 건너지만. 그전에 배로도 건너 다녔지. 섬마서 서원으로 다리가 놓여서 그리로 건너갔다고.

서원에서 되짚어 마을로 돌아오는 길은 다시 다리로부터 시작되었다. 강을 끼고 사는 이들에게 다리는 들어오고 나가는 통로이자 고향이야기의 시작점이 되기 일쑤였다. 지도 속 다리는 이야기를 하는 사람에 따라 몇 번이고 다시 놓여졌다.

우리가 중학교 2학년 때 다리가 놓였어요. 물이 많이 차면 다리가 물에 잠기고 물이 빠지면 보여서 잠수교라고 했어요. 한 십여 년 전만 해도 물 아래로 그 다리가 보였어요. 그런데 그 뒤로 몇 번 더 잠기고는 토사가 덮혀서 그 다리가 이제 흔적도 없어요.

물이 빠지거나 수위가 낮아질 때마다 친구들과 잠수교 다리가 놓인 자리를 찾아 확인하는 일을 거듭했다. 내 살던 집과 친구 집이며 학교 가던 길이며 농협창고 자리며 확인을 하고 사진을 찍어 남기는 일을 친구들이 고향 길을 일삼아 누비며 같이했던 것이다. 그날 예안면 일대 항공지도 사진을 본 그는 본인도 한 부 복사해 가지고 싶다고 하더니, 얼마 뒤 고통 일대가 잘 나오도록 크게 복사한 지도를 전해주었다. 건네받은 항공지도 위에 고통마을 사람들 집과 이름이 빼곡히 적혀 있었다. 항공지도 대신 원길과 친구들이 그린 고통마을지도를 싣는다.

금구석은 매주 강을 거슬러 고통으로 돌아온다. 서울에 업이 있어 터전을 아주 옮기지는 못하지만, 그의 마음은 언제나 몸보다 먼저 고향에 와 있다.

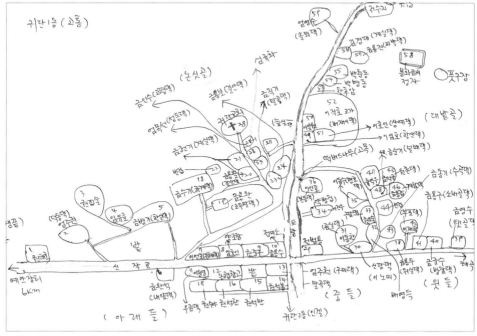

위. 건너편 구석이 머무는 학암정이 보이는 고통 풍경 학암정 아래가 구석의 옛 집터이다.
아래. 귀단동 고통 마을인지지도(이원길 작성)

구석은 서울에서 치과병원을 운영하고 있지만, 요즘은 서울에 있는 시간보다 이곳 고통에 있는 시간이 훨씬 많다. 부친이 수몰 당시 고향 집을 뜯어 서울로 이주를 하면서 남은 재목으로 고통골 산자락 물에 잠긴 옛집이 내려다보이는 산 위에 지어놓은 정자 학암정이 한없이 고맙다. 덕분에 고향에 내려와 거처할 생각을 쉽게 낼 수 있었다는 점에서 태생적으로 운이 좋은 편이라고 스스로도 인정한다. 집의 크기와 상관없이, 고향에 오면 거처할 집이 있다는 것 하나로 친구들의 부러움을 사고 있다.

> 우리는 사는 형편이 좋았던 편이라 부친이 몇 년 전부터 이주할 준비를 차근차근 해서 그 당시 어른이 서울 근교에 터를 장만하고 입 구 자 기와집을 뜯어서 옮겨짓고, 그리고 남은 목재로 이 자리에 이 정자를 지어놓으셨어. 조상들 산소도 여기 있고 어른들도 돌아가시면 여기 고향에 묻힐 거니까 이 집을 지으셨다고 봐. 두 분 다 돌아가신 뒤 이곳에 나란히 묻히셨지. 전에는 산소에 다니러오곤 했는데, 어느 순간부터 여기 오면 마음이 편안하더라고. 서울에 있다가도 문득문득 여기로 오고 싶고.

그래서 일을 줄이고 고향 산자락에 들어와 파묻히는 시간을 조금씩 늘려갔다. 이제는 일주일 중 병원 일을 보러 올라가 있는 이삼 일을 제외하고는 고통에 있다. 몸이 서울에 있을 때도 마음은 고통에 있다. 서울서 열차를 타고 오다 제천역에 내려 세워두었던 승용차를 타고 안동호를 끼고 학암정으로 오는 그 시간이 매번 기다려진다고 말한다. 구석이 차를 타고 고통으로 들어오는 길은 강을 거슬러 올라오는 것이다. '강을 거슬러 오른다는 것은 자신의 삶의 시초로 돌아가는 것을 상징한다'고 이 투 푸안은 말했다. 그런 의미에서 보자면 구석은 앞으로만 흐르는 대신 자신의 태어난 자리, 강을 되짚어 고향 집으로 돌아오고 있는 중이다.

창을 열면 잔잔한 호수가 한눈에 들어온다. 물 아래 옛 마을이 문 밖 호수 속 저쪽에 잠겨 있다. 달이 깊은 밤 물에 비친 달을 보며 친구에게 전화를 걸어 '친구야 여기 있으니 참 좋다.'고 외쳐, 친구들 사이에서 정상은 아니라는 이야기를 듣지만 그 마음을 서로 알아주기에 마음 놓고 심사를 풀어놓는 것이다.

원길과 친구들처럼 수몰로 마을을 떠난 이들에게 고향은 더 깊은 그리움으로 남았다. 지금 고통마을은 마지막 남은 다섯 집 중 네 집이 비고 한 집에만 고향 어른이 살고 있다. 그리고 지금 원길과 같이 향수에 젖은 마을 사람들이 하나둘 고향으로 돌아오고 있다. 도시의 삶을 뒤로하고 이미 와 있는 친구와 도시의 일터와 고향을 반반씩 오가며 돌아올 채비를 하는 친구, 그런 친구들을 보며 언젠가 돌아올 준비를 하는 친구들이 모여 논싯골 어디쯤에 함께 집을 짓고 살 궁리도 제법 구체적으로 오가고 있다. 빠른 시일 안에 실현이 될지의 여부를 떠나서 중요한 것은 돌아오고 싶은, 돌아오는 사람들이 있다는 것이다.

46년 전 사람들이 떠난 이래로 점점 왜소해지고 소멸 직전의 상태에 처한 마을에 사람이 돌아오고 있다는 것은 반가운 일이다. 바다든 강이든 호수든 구비구비 그 언저리에 마을이 자리하고 사람이 살고 있을 때 생명력을 지니는 법이다. 사람의 흔적이 없이 산과 물뿐인 안동호가 아니라 예안 예끼마을 선성수상길이 그렇고 동부리 선착장이 그렇듯, 그곳에 사람들이 찾아들고 사람 사는 온기가 배어야 생명력을 가진다.

2016년 안동물포럼센터에서 안동댐이 건설된 지 40년 만에 수몰민들을 위한 자리가 만들어졌을 때 안동에 있던 고향사람들을 통해 그 소식을 듣고 전국에서 사람들이 몰려들었다. 수몰이 되면서 고향을 떠난 후 공식적으로 처음 만들어진 수몰민들을 위한 자리였다.

눈물과 웃음이 가득했던 반가운 자리였다. 평생 고향을 그리다 이미 세상을 달리한 부모님 대신 온 2세대, 3세대들도 있었고, 아들의 손을 잡고 온 주

중 들

새 들

정식이형네 집

아랫 들

선호네 집

예안으로 가는 길

중섭이형네 집

물이 빠지고 모습을 드러낸 고통마을 집터들 ⓒ 이원길

름이 가득한 구순, 팔순의 어른들도 있었다. 고향 사람들 다 가버린 지금에서야 이런 자리를 마련했느냐고 울음 섞인 소리를 하는 이도 있었고, 이제라도 자신들을 위한 자리를 마련해준 고마움에 눈물짓는 이들도 있었다. 그러나 만남은 잠시였고 이별은 길었다. 훗날을 기약했지만 그날에 다시 올 수 있을지 모르는 이들의 시간은 지금도 계속 흘러가고 있다. 이들을 위한 만남의 공간이 그야말로 절실하다.

시간이 지났지만 안동댐 물문화관이 만들어지면서 안동댐 건설의 역사가 새겨진 점은 그나마 다행스런 일이 아닐 수 없다. 그러나 그 속에 안동댐 2만여 수몰민들의 이야기는 채워지지 못했다. 제대로 기억하고 기록하는 작업을 하지 못했기 때문이다.

# 의촌과 섬마 이야기

## 이동구의 의촌 단상

이동구는 도산서원 건너 의인 사람이다. 배를 타고 건너 계남에 있는 도산
국민학교를 다녔고, 예안으로 중학교 진학을 하면서는 의인에서 서원 앞으로
건너 강변으로 난 길을 따라 분천으로 해서 학교를 다녔다. 물이 불으면 부포
까지 가서 배를 건너 다래를 거쳐 예안까지 가기도 했다. 수몰을 앞둔 1974년
정초에 카메라를 들고 마을 뒷산에 올라 수몰을 앞둔 의촌 모습을 사진으로
남겼다. 그가 찍은 사진 속에 서원으로 가는 이설도로를 높은 산 위로 닦고
있는 모습이 보인다.

> 74년 설날 1월 1일에 뒷산에 올라가서 찍은 거래. 내가 군에 갔다 왔을 때니까
> 스물 몇 살 때지. 그때 벌써 시내로 옮겨간 집도 있어서 동네가 군데군데 비어 있
> 어. 큰 기와집이 스무 채 가까이 되었는데 번남 내놓고는 다 없어. 우리집은 여기
> 보이는 사랑채만 뒤로 물려서 지금 자리로 옮긴 거지. 나머지는 다 잠겼지.

서원을 빼놓고 의촌을 비롯해 하계 계남 원촌 온혜 일대 문화를 논할 수
없다는 말이 있다.

> 옛날에는 안동댐 수몰되기 전까지만 해도 서원 근방에 살면 자연적으로 서원문화
> 가 익혀져. 내가 하기 싫어도, 들어서도 알고, 봐서도 알고, 이랬는데, 어른들 따라
> 도 가고 그냥 보면서 저절로도 깨치고, 부포, 의인, 섬마, 부내, 하계, 원촌, 단천,
> 웃토계, 온혜까지 여 살던 사람들은 서원문화가 익숙해.

서원은 의인을 비롯해 근동에 사는 사람들에게는 모든 일의 근간이었다.

1974년 1월 1일 찍은 의촌리 전경사진 ⓒ이동구

서원 건너 옛날 시사단 모습 출처: 국가기록원

자신이 사는 곳은 물론이고 만사에 서원이 중심이 되었다. 학교 다니는 길에
도 서원이 있었다.

> 의촌에서 계남 쪽으로 건너는 배는 의촌동네 거였고, 서원 앞 배는 운영을 서원에
> 서 했어. 시사단 있는 들에 서원 땅이 많아서 건너와서 농사도 많이 지었단 말이
> 야. 동네 사람들 중에 서원 땅에 농사 지어 먹은 사람도 많지.

학교 갔다 낮에 폭우가 와서 물이 많이 불어 강을 못 건너는 지경이 된 날이면 서원에서 자고 다음날 학교에 갔던 기억이 지금도 선명하다. 당시 의인사는 사람들에게 도산서원이 얼마나 익숙하고 친숙한 장소였는지를 말해주는 장면이다. 서원을 둘러싼 계남 하계 온혜는 물론이고 부포 일대까지가 하나의 문화권으로 친숙한 공간들이었다. 의촌 아이들은 국민학교 다닐 때는 비가 많이 와서 계남으로 못 건너면 시사단 쪽으로 건너서 재를 넘어 갔고, 중학교 다닐 때는 서원 앞에서 배를 건너 예안으로 다녔고 간혹 물이 많이 불으면 강폭이 넓고 물살이 세지 않는 역동까지 가서 배를 탔다.

수몰되던 당시 사정이야 말하자면 끝이 없지만 돌아서 보면 지나간 풍경처럼 아득하다. 당시 의촌 어른 생각이 가끔 난다. 이주를 앞두고 있는 동네는 다들 마음이 딴 데 가 있어 어수선했다. 해마다 봄가을로 하던 마을길 정비도 집수리도 다음해 농사준비도 건성이었고, 여기저기 땅 보러 다니고 살 집을 구하러 다니느라 분주했다.

**의촌에 계남으로 건너다니던 배** 사람들이 떠난 텅 빈 마을처럼 늦게까지 강가에 매어 있었다. ⓒ 이동구

계남으로 배를 타고 혼인하러 가는 신랑과 친구 ⓒ 이동구

그때 곧 있으면 떠난다고 우리집도 집수리를 안 해 가지고 집이 형편이 없었어. 한옥은 몇 년에 한 번씩 집수리를 해야 하는 데 다들 얼마 안 있으면 떠날 판이라 집수리를 안 하고 그냥 살고 있었을 때라 집도 그렇고 동네가 어수선 했지. 그래서 내가 찍은 사진 속에 우리집 모습도 예전 모습이 아니래.

그때 마을 어른들 머릿속을 차지하고 있는 가장 큰 화두는 어디로 가는가 하는 것이었다. 보상금의 액수도 영향을 끼치기는 했지만 이주지를 결정하는 가장 큰 변수는 연고와 자식들인 경우가 많았다.

의촌이 우리 일가가 모여 살던 집성촌이었으니까, 어른들 소망이야 일가가 같은 곳으로 갔으면 하는 마음이 굴뚝 같았겠지만, 그러려면 부지도 넓어야 하고 비용도 감당이 안 되니까 엄두를 못 냈지. 보상은 적고. 그러이 개인적으로 집안에 아

86

는 사람이 있는 연고를 찾아서 가거나, 영양, 청송 골짜기로 찾아서 간 집도 있고, 자식들이 도시에 나가 있던 집은 자식 따라 도시로 갔지.

이주를 앞둔 설날에 집안 어른에게 세배를 갔다 나눈 대화가 지금도 생각난다.

"너 집은 어디로 간다노?"
"대구로 간다니더!"
"그래, 대구가 좋지, 우리는 야야, 서울로 간단다. 너는 대구로 가니까 좋을 따. 우리는 서울로 간단다."

어른은 서울로 가는 걸 안 내켜 하셨다. 대구는 역사적으로도 임란 때나 6.25때나 피해가 없었던 그런 곳이라고, 참 좋은 데로 간다고 부러워하던 어른 말씀이 아직도 생각난다.

그 당시 내가 일직에 면서기로 있었는데, 면서기로 있다 보니까 어디 토지가 나오면 아부지한테 한 번 가보시더 해서 모시고 가면 아부지가 보시고는 하시는 말씀이 '여기는 한건한 동네다' 그래. 한건하다는 거는 물이 없는 마른 땅이라는 거지. 또 다른 곳에 가면 여기는 낙동강 물이 안 흐른다, 여는 북향이다 하고 발길을 돌리셨어. 그때 어른 생각이 예를 들어 열 마지기 토지에 대해 보상을 받은 것이 백만 원이라면, 어른들은 조상들한테 물려받은 땅을 열 마지기면 그 백만 원을 가지고 물려받은 땅 열 마지기를 그대로 지켜야 된다고 생각을 하셨어. 조상이 준 재물을 내 대에 줄일 수는 없다 이 생각이래.

평생을 자식 교육 시키고 조상을 받들며 사는 걸 중요하게 생각했던 의촌 어른들은 요령이라고는 없었던 것이다.

애일당이 보이는 전경 출처: 국가기록원

　예전에는 강을 따라 길이 다 나 있었다. 지금도 가끔 꿈을 꾸면 강변 소나
무숲을 지나 서원으로 향하던 그 길이 보인다. 현재 산림박물관이 있는 언덕
배기를 올라서면 서원으로 가기 전에 오른쪽에 자리 잡은 분천 동네가 있고
그 길을 따라 내려가 농암종택과 애일당을 돌아들면 소나무숲이 무성하다. 애
일당 앞에서부터 모퉁이를 돌아 석간대를 지나 도산서원 앞까지 노송이 그늘
을 드리운 소마무가 길 양옆으로 늘어서 터널을 이루었던 길, 길가에 그늘을
드리우고 손들이 쉬어가던 서원앞 소나무가 있던 그 길은 하계로 이어졌다.

　만약에 요즘 안동댐이 건설됐더라면 그렇게 산 위로 길을 못 내. 서울의 강변북로
　처럼 강을 따라 길을 내지. 그때는 강변으로 길 낼 줄도 모르고, 애일당 돌아서
　서원 가는 옛날 그 길 복원은 꿈에나 가능할까, 안동댐 물을 다 터주지 않은 다음
　에야 그런 경치를 다시 못 보지.

## 의인 번남집 이야기

　의촌을 이야기하면서 번남을 빼놓을 수 없다. 번남댁은 조선후기 순조 때 번암 '이동순'이 건립하고, 삼척부사를 지낸 아들 치옹 '이휘부'가 1857년 북쪽사랑채인 번남정사를 중수한 데 이어, 손자인 좌산 이만윤이 1870년 남쪽사랑채인 삼호당을 중건했다. 시대를 달리하며 삼대가 함께 지은 집이다. 의촌은 섬마와 중마, 의인의 세 마을로 구성되어 있었으며, 안동댐 건설로 수몰지구가 되었다. 만수 시에 대비해 대부분의 고택과 가옥들이 철거된 의인에 아흔 아홉 칸 번남집이 있다.

　번남댁 주손 이동익이 자랐던 집이 국가지정문화재가 되었다. 수몰의 위기에서 살아남아 국가문화재가 된 집은 손이 많이 가는, 내 집이지만 국가적 문화자산으로 조심조심 돌보고 지켜내야만 하는 귀한 집이 되었다.

　　이 집이 아흔 아홉 칸 집이라고 부러워들 하지만, 내려와서 청소 하는 데만 하루가
　　걸려. 제대로 하려면 하루 가지고도 어림도 없어. 마루 닦고 마당 쓸고 풀만 뽑아
　　도 하루가 다 가. 사람들이 들어와서 보게 되는 곳이라 관리에 더 신경을 쓰는 면
　　도 있지만, 그것보다 우선 내가 할 수 있는 한 힘을 기울여서 이 집을 제대로
　　지키는 거, 그게 지금 내가 할 수 있는 일이니까 하는 거지. 어릴 때 자랄 때 내가
　　참 귀하게 자랐거든.

　받은 만큼 갚으며 사는 게 세상 사는 이치라고 하듯, 그는 지금 그 값을 하고 있는지도 모른다. 집을 물려받아 지켜간다는 의미에 대해 다시 생각하게 하는 번남집 주인이다.

　　집을 지을 때, 기존의 집들하고는 좀 다르게 지었다고 봐야지. 그때 증조부께서
　　조정에 계셔서 서울식을 가미해서 지은 거라고 하더라고. 집안에서 비를 한 방울

진성이씨 번남댁

1900년대 초 번남댁 사랑채 삼호당 앞에서 가운데가 승지를 지낸 증조부 이중태, 왼쪽 뒤가 둘째 종조부 이명호, 오른쪽
뒤 조부 이시호, 그 앞이 막내 종조부 이종호 ⓒ 이동익

도 안 맞고 돌 수 있도록 처마를 두르고 설계를 한 것도 그렇고, 군불을 넣으면 모든 아궁이의 연기가 한 굴뚝으로 나가도록 한 것도 그렇고, 또 사랑채 가는 미로 같은 통로 저게 아주 특이하다는 거야. 저기는 아무나 가는 데가 아니거든. 내당 사람이나 식구들만 다니는, 남들은 모르는 통로거든. 집안에 방앗간도 있고, 목욕 탕도 있었어. 가운데 주물로 된 통이 있었어. 그걸 장작을 떼서 물을 데우는 거지. 그때는 동네 사람들이 자주 씻을 데도 없고 목욕할 데가 없잖아. 그래 겨울에 여기 와서 목욕 하시는 분들도 많았거든. 일꾼들이 저 산 밑에 우물에서 지게로 물을 져서 목욕물을 데워서 집안에서 목욕을 할 수 있도록 한 거지.

한 치라도 실기를 할까 집과 관련된 기록 하나하나를 세세히 외고 있다. 집을 원형대로 복원하기 위해 애를 쓰면서 자연 그리된 것도 있지만 그가 번남 집을 기억하고 지키는 방법이기도 하다. 이제 6.25때 불탄 삼호당하고 별채를 마저 복원하는 일이 기다리고 있다.

수몰 전에 울산대에서 의인 섬마 조사한 번남집 도면도 참고하고, 73년도 〈신동 아〉에 실린 번남집 기사에 일광문 사진 자료도 찾아서 집에 대한 기록과 대조해 확인을 해가면서 일광문과 굴뚝을 복원해 다시 살렸지. 남은 걸 하나하나 복원해 나가는 일을 하고 있어. 문화재청에서도 불타 없어진 별채를 비롯해서 99칸 집을 복원하기로 방향을 잡은 거지. 현재 실제 아흔 아홉 칸인 집이 잘 없는데 이 집은 중수한 기록과 기문도 그대로 남아있으니까 복원을 할 수 있는 한 해놓으려고 하는 거지. 그게 내 의무라고 생각을 하니까.

그가 보자기 안에 겹겹이 쌓인 한지를 들고 왔다. 조심스레 펼쳐 보인 사진 속 증조부가 세 아들과 찍은 사진이 예사롭지 않다. 조선의 마지막 관료의 모습을 사진으로 만나는 번남집이다.

시간이 이만큼 지났는데도 아주 선명하잖아, 관복 입은 사진 속 가운데 이분이 우리 증조부 승지 할배, 19세에 급제해 조정에서 벼슬을 하셨지. 이 어른이 여기 번남에서 당신 아들 삼형제를 데리고 사랑채 삼호당 앞에서 찍은 사진이래. 6.25 때 없어진 삼호당 사랑채. 유일하게 이 집이 나온 사진이야. 이분이 우리 할배되시는 조부, 그리고 둘째 종조부. 삼형제를 데리고 찍으셨는데, 위 두 분은 이때 벌써 장가를 들었고 앞에 막내 할배는 아직 미장가라 머리를 땋고 있어.

자신이 가도 번남, 이 집은 계속 남을 텐데, 흘러가는 시간 따라 이 집을 지키는 사람과 함께 번남의 이야기를 새롭게 써내려가게 될 텐데 그것이 어떤 모양으로 이루어지면 좋을까 스스로에게 물어본다.

의촌에서 배를 건너면 맞닿는 하계와 계남에는 우리가 그 이름을 들어 알고 있는 집들이 많았다. 하계의 향산고택과 동암종택, 수졸당, 계남의 계남고택은 퇴계종가와 연결되어 있었고, 의촌의 은졸재와 번남댁, 원촌의 치암고택과 목재고택, 그리고 육사의 생가로 그 맥이 이어지고 있어 대대로 하나의 문화권을 이루고 있었다. 일찍이 보문의숙이 계남에서 문을 연 것과 수몰이 되기 전까지 계남이 도산면의 면소재지로 도산서원과 함께 일대 문화와 생활의 중심을 이루고 있었던 것도 이와 무관하지 않다고 하겠다.

승지 할배가 벼슬하신 후에 여기 번남에 내려오셔서 상계 퇴계 종손이시던 충 자 호 자 할배하고 부포에 백농 이동하 선생하고 같이 도산에 민족교육을 하는 보문 의숙을 설립하셨어. 육사선생 할배되는 어른이 사숙(교장)을 하시고 증조부가 숙 감(교감)을 하셨지. 보문의숙이 도산국민학교 전신인데 나도 도산학교 다녔어. 우리가 학교 다닐 때 물 건너서 계남으로 다녔잖아. 계남고택이 요 건너편에 있었 잖아. 의촌에서 건너자마자 첫 집이 술도가고 조금 가면 계남이 있어. 계남고택이 거기 있었고 도산국민학교는 저쪽 하계 들어가는 곳에 있었어.

1900년대 초 조정에서 벼슬을 한 이동익의 증조부 도운 이중태(가운데) 1891년 19세로 증광시 문과급제를 했다.
ⓒ 이동익

번남집 주손 이동익은 계남집을 어른들은 당호인 연화각으로 불렀다고 기억한다.

옛날 집은 다 당호가 있어. 계남은 당호가 연화각이고 택호는 계남경주댁이라 불렀어. 계남이라 카는 거는 하계 남쪽이라 계남이래. 냇가를 기준으로 저쪽은 하계이고, 개울 남쪽 이쪽으로는 계남이야.

수몰이 될 때 계남집은 문화재로 지정이 되면서 성곡동에 있는 안동민속촌으로 이전을 했다. 현재 문화단지 구름에리조트 제일 첫 집인 계남고택은 안을 현대식으로 보수를 해서 한옥호텔로 활용이 되면서 많은 사람들이 멀리서 찾아와 기꺼이 비싼 돈을 내고 머물고 가는 집이 되었다.

# 다시 쓰는 안동댐 이야기

## 새로 쓰는 치암고택 이야기

안막동에 자리한 치암고택이 원래 있던 자리는 도산면 원촌리다. 안동댐 건설로 1976년 지금의 자리로 이건했다. 치암고택 앞 향산고택은 원촌과 지척인 도산면 하계의 향산 이만도 선생의 고택으로 댐 건설로 이건을 하면서 본래 자리인 하계와 가까운 안막재 고개마루에 자리를 잡았다. 고향으로 가는 버스가 바로 집앞을 지나는 곳이었다.

치암고택 주손 이동수(안동문화원장)가 들려주는 두 고택을 이건한 이야기는 안동댐 건설로 거취가 변화된 안동의 많은 고택들의 사정을 짐작케 하기도 하지만 당시 집을 옮기는 일이 어떠한 의미를 지니고 어떻게 진행되었는지를 일부나마 들여다볼 수 있게 한다.

무엇보다 치암고택과 향산고택이 지금처럼 앞뒤로 나란히 자리하게 된 사정이 아주 절묘하다. 사전에 서로 의논 한 번 한 바도 없는데 터를 잡고 보니 마치 약속을 한 것처럼 된 것이었다. 그 이야기를 하기 전에 수몰 전 원촌

수몰전 원촌 치암고택에서 ⓒ 이동수

에 치암고택이 있었던 시절을 먼저 들여다보았다.

　그는 집안의 장손으로 어릴 때부터 원촌의 문화와 집안 가풍을 자연스레 익히며 자랐다. 그건 그만이 아니라 원촌에서 나고 자란 누구나가 자연스레 익히게 되는 규범이 있었던 원촌의 문화였다.

　　어릴 때 할아버지 사랑방에 가서 한문 배우고 했지요. 아침에 일어나서 사랑방에 가서 전날 배운 걸 외고, 또 새로 배우고 그랬지요. 내가 전기를 전공한 엔지니어지만, 어릴 때 배웠던 그 공부 그게 바탕이 되어가지고 내가 뒤늦게 인문학을 공부를 해야겠다 해서 공부를 하게 되고 주역으로 학위를 받고 지금까지 이렇게 철학에 관심을 가지고 공부를 하는 바탕이 된 거라고 봐야지요. 육사의 시에도 나오고

하계에 도산국민학교가 있던 앞 다래가 주렁주렁 열리던 고목나무 이육사가 학교를 다니던 시절에도 이 나무가 있었다.
© 이동수

산문 '계절의 오행'에도 나오는데 원촌에는 원촌만의 법도와 규모, 그런 문화가 있었어요.

할아버지가 그래 하시고 아버지가 그래 하시니까 자연히 따라 익히게 되는 보이지 않는 규범에서 벗어날 수가 없는, 삼가고 절제하면서 근본 도리를 지키는 그런 문화를 육사는 산문 〈계절의 오행〉에서 '대대로 지켜온 이 땅에는 말도 아니고 글도 아닌 무서운 규모가 우리들을 키워주었습니다.'라고 표현하고 있다.

그거는 누가 강제하는 것도 아니고 법으로 정해놓은 것도 아닌데 자신 스스로 이탈하지 못하게 하는 보이지 않는 법도가 있었던 거지요. 내가 클 때는 원촌에 가구

수가 한 삼십 호 정도 됐는데, 전부 멀어도 촌수가 열 촌, 열두 촌 이내니까 전부 한 할아버지 자손이니까 그 안에서 치고받고 싸우지도 못하고 서로 삼가는 그런 분위기가 되는 거지요.

그때도 마을 아이들은 원촌들과 낙동강 백사장과 온 물가를 쏘다니며 자랐다. 그런데 마을 안에서 뛰놀고 하면서도, 어떤 선을 넘지 않고 지키는 그런 게 자연스럽게 몸에 배어 있었다 해야겠다.

육사와 이원영 목사 같은 분들도 그런 분위기에서 영향을 받으며 살다보니, 나라가 어려울 때는 우리가 어떻게 해야 한다는 걸 알았던 거죠. 누가 시키지 않아도 나서서 그렇게 하는 거죠. 그분들은 워낙 뛰어나다 보니 역사 속에 이름을 남기고 했지만 그 동네 사람 누구나 그런 마음을 가지고 살았다고 봐야지요.

그런 전통 속에서 살다가 댐이 생기고 마을이 다 해산이 되어버리니까 전부 서울, 대구로 나가버리고 집은 다 잠기거나 뜯겨버리거나, 새로운 터전을 찾아 나섰던 것이다. 집을 옮긴다는 건 살아갈 터전을 새로 닦는 일이다. 그 일이 결코 쉬운 일일 리 없다. 치암고택의 이건도 택지를 찾아나서는 일에서부터 시작되었다.

사실 하계는 우리 큰집입니다. 하계마을은 퇴계할배의 손자 대에 와가지고 동암할배 자손들이 맏집은 하계, 둘째집은 계남, 세째집은 원촌 이렇게 되는데, 그때 하계, 계남, 원촌 마을에 기와집들이 많이 있었지요. 그런데 수몰을 앞두고 한 마을에 한두 집만 문화재로 지정이 됩니다. 고택 중에 가치가 있다 하는 대표적인 것만 지정을 하게 됐는데, 하계에는 향산고택을 지정을 했고, 지금 거기 남아있는 제일 첫째집인 동암고택은 지정이 안 됐어요. 그 다음에 계남이라는 동네 계남고택이 지정이 됐고, 원촌에는 우리 치암고택이 지정이 됐어요. 하계에 수졸당이 있고 원촌에 지금도 목재고택도 있지만 그 집들은 지정이 안 됐어요.

지금도 그렇지만 수몰을 앞두고 사람들 생각은 저마다 달랐다. 정부에서 주는 보상을 다 받아가지고 서울이나 어디 객지로 나가겠다 하는 사람도 있고, 집을 옮기는 한이 있어도 집을 지키고 이어나가야 한다는 사람도 있었다. 조상 대대로 이어져온 고택을 지키며 살아온 사람들에게는 특히 집을 어떻게 지켜낼 것인지가 이주와 관련해서도 중요한 기준이 되는 문제였다. 그런 까닭에 문화재 지정 여부는 고향을 떠날 것인지 말 것인지에 대한 결정에도 영향을 끼쳤다.

당시에 정부 정책이 문화재로 지정된 고택 같은 경우는 자기가 보상 받은 중에서 어디라도 땅만 사면 집은 우리가 옮겨주겠다 그래 됐어요. 이건비를 지원해준 거지요. 그래서 향산고택은 원래 있던 도산 하계 가까운 쪽에 한다고 여기 안막동에다가 터를 사서 옮겨 자리를 잡았어요. 그런데 앞집 아재와 우리 아버지가 상의를 해서 이래 하자 한 적이 전혀 없는데, 향산고택 앞집은 앞집대로 삼백 평인가를 사서 자리를 잡고 우리 선친께서는 선친대로 도시락을 싸서 안동 시내 안 다닌 곳이 없이 터전을 물색하시다가 여기를 오신 거예요. 그때 안막동 여기 산밑에 비탈진 밭이 있었는데 비탈진 밭보다도 그때 이 앞에 터를 반듯하게 다듬어 놓은 게 있어서 알아보니까 여기는 향산고택이 들어오기로 했다 그러는 거예요. 아, 그러면 여기 뒤쪽이 비탈밭이라도 여기도 괜찮다 해서 여기로 옮겼는데, 그러니까 땅을 살 때는 몰랐는데, 옮기고 보니까 앞뒤 집이 된 거지요. 그런 우연이 어디 있어요? 향산 어른은 우리 치암 할배보다 열 살이 어렸는데 나라를 잃은 울분에 순국을 택하셨고, 우리 할아버지는 내가 늙어서 나라를 잃고도 아무 일도 하지 못하니 부끄럽다고 바위에 치암이라는 글자를 새기고 두문불출하다 병을 얻어 돌아가시지요. 집 앞에 있는 바위가 바로 그 치암이라 새겨진 바위지요. 그런데 그런 두 분이 앞 뒤 집에 나란히 자리하게 된 거지요.

원촌과 하계에 많은 분이 있지만, 그에게는 하계의 향산 이만도 할배와 원촌하면 치암할배가 제일 와닿는다. 지금도 아침저녁으로 두 분의 흔적이 배인 고택을 보며 생활하기에 더 그렇다.

치암고택을 옮겨지을 당시는 그가 대구서 직장 다닐 때라, 부친이 직접 일을 다 보셨다. 문화재로 지정이 돼서 정부에서 이건을 해주는 거다 보니 공사는 공사업자가 했지만 부친이 터 닦는 것부터 일일이 지켜보며 집이 제대로 자리를 잡을 수 있도록 하셨다.

당시 고택을 옮겨짓기 위해서는 기존 집을 목재부터 완전히 해체를 해가지고 다시 짓는 거라 보통 일이 아니지요. 원촌에 있을 때 집이 일부 퇴락이 된 부분도 있었는데 새로 옮기면서 일부 상한 건 목재와 기와를 새로 한 것도 있지만 거의 목재를 그대로 쓰고, 기와도 옮기고 해서 이건을 한 거지요. 그렇게 정성을 들이신 덕에 지금도 목재가 깨끗해요. 집은, 특히 고택은 고쳐가며 사는 거라, 옮긴 후에도 부친 계실 때 한 번 정도 보수를 했지만, 사랑채 같은 경우는 원촌 있을 때 그대로고 지금 집의 90%가 처음 옮겨올 때 모습 그대로예요. 당시에 원촌 집을 그대로 다 옮겨오지는 못했지요. 원촌 살 때 집이 문간채가 다섯 채가 있었는데 다 옮기지 못하고 일부는 목재만 옮겨왔지요.

이러한 수몰의 역사를 간직한 고택의 스토리는 안동 고택 체험의 한 축을 담당하면서 사람 따라 물 따라 골골이 조금씩 다른 이야기들을 들려주기도 한다.

치암고택은 안동 도심권에 있으면서 하회마을과 도산서원의 중간에 위치하는데다 월영교도 가까워 고택체험을 원하는 이들이 많이 찾는다. 고택체험을 처음 시작할 때 고민이 없었던 것은 아니지만 그는 집은 사람이 드나들 때 존재 가치가 있다고 알고 자랐기에 고택 문을 열고 손님을 맞아들였다.

우리 안동은 본래 문화가 고택이나 종택에는 사람들이 의관을 갖춘 선비들이 많이

안동시 안막동으로 이건해 향산고택과 나란히 자리한 치암고택 ⓒ 이동수

출입하는 것을 자랑으로 여겼습니다. 옛날에는 그 집에 손님이 끊기면 그집은 망
한다 이렇게 생각했습니다. 그런데 요즘은 어디 종가나 종택이 있는 마을을 가도
그 고택에 들어가서 차 한 잔 마시고 집주인과 인사를 나누고 그 집 내력을 알고
그런 분들이 적습니다. 그저 집안을 한 바퀴 휘 둘러보고 가는 정도지요. 고택 체
험은 고택에서 하룻밤 자면서 그 집 내력도 알고 가는 거죠.

집에서 사람이 산다는 건 그때그때 사는 사람에 맞게 집을 고쳐가며 사는
것이기도 하다. 이는 비단 치암고택만의 일이 아니라 새로 터전을 일구며 산

사람들 모두에 해당되는 말이기도 하다. 고택체험을 하면서 치암고택이 집의 역사를 현재 시점에서 더해가듯이 농암종택과 군자리후조당 탁청정 같은 고택들도 수몰의 역사를 그 안에 품고 있으면서 거기에 정체되지 않고 옮겨앉은 그 자리에서 자신들의 이야기를 새롭게 써내려 가고 있다.

## 안동호 물길 따라 가는 선비순례길 이야기

풍경은 우리에게 공간을 통해 그 속에 담긴 시간을 보게 한다. 그런 의미에서 길을 걷는다는 것은 그 자체로 시간 위에 서는 행위이다. 길은 사람의 발자욱을 따라 산을 넘어 동네로 이어진다. 또한 길은 사람들이 사는 강가 마을에서 흘러가는 물길을 따라 자연스레 만들어 진다. 수몰 전 낙동강을 따라 예안과 도산과 월곡과 와룡에서 안동 시내 임청각까지 이어지던 강변길도 그렇게 만들어졌다. 하여 지금 선비순례길도 그런 이치에 따라 안

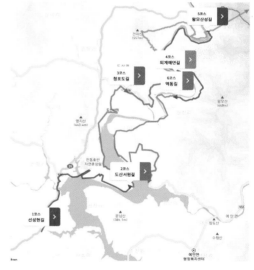

안동호를 따라 가는 선비순례길 코스

동호의 물길을 따라 만들어졌다. 안동호의 절경과 함께 다양한 안동의 유교문화와 옛마을의 이야기들을 만날 수 있는 길이다. 91km의 9개 코스 탐방로 중 6개 코스가 안동호 물길을 따라 만들어져 길을 따라 걸으며 자연스럽게 안동댐 건설과 수몰의 역사를 품은 오래된 마을들을 만날 수 있는 길이기도 하다.

선성현 문화단지가 조성된 서부리 선성수상길

군자리에서 시작해 물 위를 걸을 수 있는 선성수상길이 있는 선성현길과 세계유산 도산서원을 찾아가는 도산서원길, 청포도의 시인 이육사의 고향 원촌마을을 지니는 청포도길, 안동지역 최초의 서원인 역동서원이 있던 역동길, 퇴계 선생이 청량산을 오가며 거닐던 퇴계예던길, 공민왕의 어머니 이야기와 육사의 시 '절정'의 칼선대를 만나는 왕모산성길은 모두 안동댐으로 흘러드는 물길을 따라 이어져 있다.

길을 걷노라면 가까이 혹은 멀리 나타났다 멀어졌다 하며 사람이 사는 마을로 이어지는 길과 만남과 이별을 거듭하며 유유히 흘러가는 낙동강 물줄기를 어디서든 만날 수 있다. 그래서 안동댐 수몰의 이야기가 진하게 배어있는 길이기도 하다.

그러나 또 다른 한편으로는 안동댐 건설 이후 새로 터전을 닦고 문화를 이어온 군자리와 농암종택과 같은 고택 이야기가 안동호를 기반으로 새로이 만들어진 국학진흥원과 이육사문학관, 유교문화단지와 한국유교문화테마파크와 같은 문화

선비순례길에서 만나는 역동 계상고택

역동 우탁선생유허비에서 내려다보는 청고개와 부내 자리가 보이는 안동호 전경적 공간들과 만나며 안동댐을 둘러싼 사람과 문화를 씨줄과 날줄처럼 엮어내는 길이기도 하다.

## 선비 순례길과 도산서원

도산서원길은 선비순례길 중에서도 특별한 길이다. 다래의 월촌서당에서 시작해 애일당이 있었던 분천리를 거쳐 도산서원에 이르는 길이다. 월천서당이 위치한 동부리는 호반자연휴양림에 이어 안동문화와 관광의 또 다른 축이 될 유교문화단지와 세계유교컨벤션센터가 들어서면서 새롭게 주목을 받고 있는 곳이기도 하다. 서당이 자리한 다래는 선비순례길을 걷는 순례객들이 서부리 선상수상길과 함께 안동댐 건설과 수몰의 역사를 눈앞에서 실감하는 대표적 장소이기도 하다. 옛 나루터 자리에 무심히 선체를 기대고 서 있는 배가 간간이 다래와 부포선착장 사이를 흐르는 물결 따라 흔들리는 곳이다.

도산서원길은 아직은 미완성의 길이다. 중간에 길이 끊어지기도 하고 큰 도로를 따라 걷다 다시 산 속으로 들어가기도 하고 어느 순간 눈앞에 펼쳐지는 물길에 막히기도 하는 길이다. 퇴계 선생이 만년에 고향으로 돌아와 제자들을 가르치던 도산서원부터 생을 마감하고 깊은 잠에 든 묘소를 지나, 퇴계의 후손들이 청빈한 선비의 자세를 지키며 살아온 원촌마을까지 길게 뻗은, 어느 구간보다도 퇴계의 숨결이 살아 있는 길이다. 그 길 가운데에 세계유산 도산서원이 있다.

2018년 도산서원이 세계유산으로 등재되었다. 그날 이후로 서원으로 찾아드는 발길들이 늘어나고 있다. 그 중에서도 젊은 사람들의 비중이 높아지고 있는 것은 무엇보다도 반가운 일이다. 세계유산지역 관광에 대한 수요를 고려할 때 이러한 흐름은 팬데믹 이후에도 지속될 것으로 보인다. 왜냐하면 문화유산과 관광의 측면에서 세계유산지역(World Heritage site, WHS)은 그 자체로 목적지가 되기도 하고, 대부분의 여행자들이 낯선 도시를 여행할 때 좌표로 삼고 꼭 들르는 곳이자 쉼이 있는 특별한 장소이기 때문이다. 팬데믹 이전에는 적정 수준을 넘어서 과도하게 몰려드는 관광객들로 인해 세계유산의 훼손과 보존이 큰 문제가 될 만큼 세계유산 지역에 대한 관광수요는 폭발적이다. 이처럼 세계유산이 문화적 장소로서 지역으로 관광객을 유입하는 역할을 한다는 것은 주지의 사실이며, 이는 세계유산으로 지정된 이후로 도산서원을 찾는 방문객의 수가 꾸준히 증가하고 있는 수치로도 확인되고 있다.

지난해 세계유산축전이 시작되면서 도산서원이 처음으로 야간에 불을 붉히고 서원 문을 열어 축제의 공간이 되어 손님들을 맞았다. 깊은 골짜기 안에 은둔해 있던 조용한 도산서원 건물이 몇 백 년의 세월을 넘어 조명을 받으며 세상의 관심의 중심에 서게 된 순간이기도 했다. 퇴계 선생이 문을 연 이래로 선비들이 학문하던 장소였고, 시간이 흐른 후에는 향사를 지내고 사당에 참배하던 추모의 공간이었던 엄숙한 서원에서 펼쳐지는 그 장면이 믿겨지지 않기는 그곳에 있던 별유사들도 그곳을 방문한 안동사람들도 마찬가지였다. 조금은 낯선 장면이기도 했고 서원의 문화가 어떤 것인가를 생각하게도 했지만, 도산서원의 변화를 알리는 상징적 장면이기도 했다. 그리고 세계유산 등재가 그저 또 하나의 명예를 의미하는 것인 줄만 알았던 생각을 뒤집을 일들이 차례차례로 벌어지고 있다. 코로나 시국임을 감안해도 도포 입은 나이 든 사람들이 아닌 젊은 커플이 도산서원을 찾아들기 시작했고 그 숫자는 날이 갈수록 증가하고 있다고 한다. 서원을 찾는 젊은이들과 이방의 방문객에게 무엇을 어떻게 보여주어야 할까, 도산의 자연에서 그 답을 찾아가야 한다고 생각한다. 서원의 공간 안으로 들어온다는 것은 먼저 도산의 자연 속으로 걸어들어오는 것이다. 서원을 감싸고 있는 골짜기와 휘어진 소나무와 서원 앞을 휘돌아나가는 물길을 먼저 만난 연후에야 도산서당을 만난다. 또한 서원 앞을 흐르는 물길은 서원이 시사단과 이어진 공간일 뿐만 아니라, 강 건너 연기가 피어오르는 동네로 이어져 있는 열린 공간이라는 것을 말해준다. 물길과 산길을 단순한 자연적 배경이 아닌 서원문화의 주요 공간으로 인식할 때 도산서원

도산서원의 옛 모습 유리건판. 출처 : 국립중앙박물관

도산서원과 시사단이 보이는 전경

의 공간이 훨씬 넓게 확장되면서 다양하게 변주될 수 있을 것이라 본다.

시사단과 서원 앞을 돌아 나가는 물길과 어울려 그림 같은 풍경을 연출하는 도산서원은 만대루와 하회로 이어지는 물길을 배경으로 하는 병산서원과 더불어 세계인을 초대해 서원문화 축전을 펼치기에 더없이 좋은 곳이 아닐 수 없다. 서원에서 한 구비만 더 돌아들면 육사가 태어나 학교를 다녔던 원촌이다. 육사가 노래했듯 하얀 모시수건을 깔고 은쟁반에 청포도와 같이 싱그러운 서원의 정수를 담아 맛보게 하고 같이 음미할 수 있다면 더없이 좋을 것이다.

## 동부리와 안동호 이야기

최근 경상북도가 안동댐 건설로 갈라진 경북 안동 도산면과 예안면을 잇는 도산대교 건설사업을 추진한다는 이야기가 새로이 들리고 있다. 그동안 몇 차례 건의되었으나 실현되지 못했던 도산대교 건설은 동부리에 세계유교선비문화공원과 한국문화테마파크가 모습을 갖추면서 그 필요성이 다시 부각되며 교량 건설 가능성이 어느 때보다 높아지고 있다.

다리는 연결을 의미한다. 다리는 또한 놓여지는 순간부터 길이 된다. 길이 된 다리는 공간을 연결함으로써 사람들의 발길을 다리 너머로 이끈다. 흔히 다리가 뚫린다고 말을 하는 이유가 여기에 있다. 동부리에 조성되어 사람들의 발길을 기다리고 있는 한국문화테마파크는 접근성 문제가 거론되고 있지만, 시간이 지날수록 대두될 진짜 문제는 무엇을 보여줄 것인가 하는 콘텐츠와 동부리 골짜기에서 더 이상 이어지지 않고 길이 끝나는 것이라고 생각한다. 그 길 끝에는 월천서당이 있고 부포로 갈 수 있는 다래선착장이 있다. 도산대교는 그곳에 길을 내어 사람들과 차들이 자유로이 넘나들게 하는 다리가 되어줄 것이다.

물을 눈앞에 두고 사는 사람들에게는 뱃길도 찻길만큼 중요하다. 찻길과 뱃길이 같이 가야 하는 까닭이다. 뱃길은 찻길보다 빠르고 운치가 있다. 안동

세계유교선비문화공원

댐 본댐 선착장에서 배를 타고 다래선착장이나 도산서원 앞 선착장에서 내려 선비순례길을 따라 걷는 것도 나쁘지 않고, 동부리에 닿기 전 서부리선착장에 내려 선성현 문화단지에서 늦은 점심을 먹고 옛 예안장터와 학교이야기가 있는 선성수상길을 걸어 한국문화테마파크를 둘러봐도 좋을 것이다.

　소양강이 있는 춘천과 충주호가 있는 충주와 제천이 그렇듯이 물위에 배를 띄워 수변공간을 적극적으로 이용할 필요가 있다. 안동댐과 같은 상황에 있는 소양강댐의 경우 지속적인 노력 끝에 자연환경보전지역으로 묶인 대상구역 중 취락지구를 중심으로 3분의 1에 해당하는 지역의 규제를 해제함으로써 각종 수상 레포츠를 비롯한 문화관광 콘텐츠를 개발해 소양강댐을 활용해 춘천을 호반의 도시로 새롭게 탈바꿈시키며 관광객들을 끌어들이고 있다. 그런 의미에서 안동도 댐으로 생겨난 안동호를 그림 같은 풍경을 연출하는 호수로 보기만 할 것이 아니라 자원으로 인식하고 활용할 필요가 있다. 환경을 지키면서 할 수 있는 물 산업도 많다. 수변자원을 활용한 수상스포츠나 선비순례길처럼 46년의 시간만큼 많은 이야기를 품은 안동호와 연계한 관광콘텐츠를 개발해 이 장소를 찾는 사람들로 하여금 안동댐을 이야기가 있고 문화가 흐르는 친숙한 공간, '수' 자원이 있는 유익한 공간으로 인식할 수 있도록 만들어가는 것도 중요하다.


## 임청각 복원과 달라지는 안동댐 풍경

안동댐이 시작되는 길에 임청각이 있다. 1971년 안동댐 기공식을 알리는 신문에 임청각 앞을 허물고 흙을 파내는 장면이 나온다. 안동댐 공사가 시작되는 순간이었다. 임청각은 일제가 독립운동의 상징과도 같은 임청각의 기운을 꺾고자 집 앞으로 열차 선로를 깔았던 역사적 공간이자 동시에 안동댐 기공식의 첫 삽을 뜬 자리이기도 한 것이다. 그때 임청각 앞 강가에는 낙동강 물이 유유히 흘러갔고, 사람들은 강 아래로 내려가 물고기도 낚고 얼음도 지쳤다.

철길이 놓인 이래로 2020년 겨울 운행을 멈추기까지 수십 년을 열차가 밤낮으로 땅을 흔들며 지나갔고 1976년 댐이 조성된 이후에는 많은 사람들이 임청각 앞으로 난 길을 지나 안동댐으로 갔다. 그중에 더러는 임청각을 들렀고 더러는 그곳에 임청각이 있는 줄도 모르고 지나쳤다. 일제에 의해 가로막혔던 철길이 허물어지면서 임청각이 그 모습을 온전히 드러내면서 사람들에게 묵직한 울림을 주고 있다. 역사 속 공간이 어느 순간 우리 앞으로 확 다가온 느낌이다. 그리고 지금 안동댐으로 가는 길목에서는 임청각 복원이 시작되고 있다.

**임청각 복원도** 출처: 안동시청 홈페이지

대한민국 독립운동의 상징적 공간인 임청각을 일제강점기 중앙선 철로가 놓이기 이전의 옛 모습으로 복원하고, 임청각 앞 둔치에 나루터도 함께 만들어 역사와 문화의 향기가 흐르는 임청각의 정취를 되살린다.

이창수 임청각 종손은 언론 인터뷰에서 전재산을 처분해 1911년 일가족을 이끌고 서간도로 망명해 신흥무관학교를 세워 독립군을 양성한 석주 선생의 정신이 깃든 임청각을 복원한다는 것은 대한민국의 진정한 광복을 의미한다"고 되새겼다.

김호태 국무령이상룡기념사업회 사무국장은 복원이 완료되면 앞으로 임청각이 안동의 메인 관광 명소가 될 것이라고 말한다.

역사와 역사 속 공간을 그냥 놔두면 흘러가 버립니다. 임청각을 복원하는 것은 돌아가신 석주 선생을 위하는 게 아니라 지금 여기서 살고 있는 우리를 위하고, 미래를 위해서 필요한 일입니다. 그리고 그것은 안동만이 할 수 있는 것입니다.

1972년 임청각앞 낙동강 전경

임청각 앞 낙동경 전경

댐에서 임청각 방면

　임청각 옆에 우리나라의 대표적 전탑인 법흥동칠층전탑이 있다. 철길이 걷
히면서 임청각과 나란히 탑도 그 존재를 드러내면서 임청각과 탑을 둘러싼
이야기들이 궁금해지게 한다. 그런데 이와 관련해 새롭게 주목받고 있는 그림
이 있다 허주 이종악의 〈허주부군 산수유첩도〉에 나오는 '반구관등伴鷗觀燈'
그림이다. 반구관등 그림은 안동댐과도 연관이 깊다. 그림이 실린 허주부군
산수유첩도가 1973년 수몰을 앞두고 도곡의 문중에 보관되어 있던 있던 임청
각의 유물들과 함께 고려대로 기증되었기 때문이다. 안동댐과 임청각 복원 이
야기가 연등을 밝혀 이웃과 세상을 지혜로 일깨우는 서원을 담은 허주의 그
림 이야기로 이어지고 있는 것이다.

　　임청각이 들어선 자리가 여러모로 상징적인 공간이지요. 혁신유림이자 노블리주
　　오블리제를 실천한 독립운동가 석주 선생 일가를 배출한 명당이기도 하지만, 고대
　　불교의 상징인 전탑이 그대로 남아있는 곳이기도 하지요. 임청각의 후손인 허주

선생의 산수유첩 '반구관등' 그림에 보면 초파일에 연등놀이를 하는 장면이 나옵니다. 안동의 세계유산 등재 발표가 있는 날, 묻혀 있던 이 반구관등 그림 속 연등 장면이 세상에 알려졌습니다.

『허주부군산수유첩』의 〈반구관등伴鷗觀燈〉
제공: 한국학중앙연구원 장서각

'반구관등'은 임청각의 허주 일행이 5일간의 선유를 마치고 반구정에 돌아온 날의 풍경을 그린 것으로, 허주는 해제에서 '유홍원과 함께 배를 타고 돌아와 반구정에 정박하니 날이 이미 어둑어둑하였다. 성중城中을 바라보니 집집마다 등불을 내걸고 있어 비로소 4월 초파일임을 깨닫게 되었다'고 했다. 초파일 밤에 안동부 성내에 사는 민가에서 집집이 연등을 내건 모습을 그리고 해설을 단 것이다. 반구정에서 본 초파일 야경을 그린 것인데, 그때 법흥동칠층전탑 주변과 임청각 옆 절골에도 연등이 걸렸을 것이다.

임청각 복원은 월영교 앞에서 안동 관광을 시작하던 이들의 발길을 임청각 기점으로 돌려놓을 것이라 생각된다. 임청각과 법흥동전탑을 배경으로 반구관등 속 연등놀이가 재현되고 그 연등 불빛이 임청각 앞 나루에 비치는 전경은 상상만으로도 황홀하다. 유유히 흘러온 낙동강과 임청각 문화의 조우는 안동댐을 특별한 공간으로 만들어 줄 것이다.

안동댐은 강원도 태백산에서 발원한 낙동강이 울진과 봉화를 거치며 꺾어지고 구비치며 어울저 흘러오며 만들어낸 마을의 시간을 담고 있다. 마을의 이야기와 강줄기를 하나로 모으며 안동댐이 만들어졌고 강을 끼고 살던 사람들이 마을을 내어주고 떠나갔다. 수몰 46년, 안동댐은 수많은 이들의 이야기를 품고 그 자체로 하나의 풍경이 되었다. 시대가 변하면서 안동댐을 바라보는 관점도 조금씩 그 결을 달리하고 있다. 그에 따라 안동댐의 스토리도 새롭게 쓰여지고 있다.

안동댐은 그 속에 잠긴 마을만큼이나 많은 이야기를 품고 있는 공간이다. 시간의 강을 지나며 기억은 기록이 되고 이야기가 되었다. 댐이 건설된 뒤로 오랫동안 안동댐을 둘러싼 '수' 공간은 안동 사람들의 삶과 섞이지 못하고 유리된 공간으로 존재해 오기도 했다. 그러나 그 형태가 댐이라고 할지라도 물이 가지는 속성이 변하지 않듯이, 물을 가까이 할 때 우리의 삶은 더욱 풍성해진다. 댐을 보유한 다른 지역에서도 물을 활용한 다양한 공간들과 물산업 콘텐츠들이 만들어지고 있다. 그런 의미에서 선성수상길과 같이 안동댐 물 공간과, 공간이 품고 있는 스토리가 담긴 친수문화공간을 조성해, 말 그대로 사람들을 안동호의 물 가까이로 끌어들일 필요가 있다.

물이 자원인 시대가 되었다. 안동은 안동댐과 임하댐 두 개의 댐을 보유하고 있다. 물부족시대에 풍부한 물 자원을 가졌다는 것은 도시의 경쟁력을 높여주는 지표이다. 수자원을 바탕으로 한 문화와 산업의 토대가 마련되어 있다는 점에서 고무적이다. 안동댐 친수공간을 문화와 휴식이 흐르는 낙동강 문화공간으로 만들어가는 한편으로, 수상레포츠와 생수 산업, 친환경그린에너지 사업 등 수자원을 활용해 부가가치를 창출해 나갈 필요가 있다. 안동댐 기억공간과 같이 댐으로 인해 막혔던 사람들의 마음의 물꼬를 터주는 일도 필요하다. 댐이 만들어진 목적 그대로 안동댐이 사람들을 위한 공간이 되도록 하는 것, 그것이 물순환도시 안동이 가야할 길이라 생각된다. 그 길은 안동댐에 고향을 내준 사람들의 이야기를 담은 기억공간과 '수'자원을 활용한 물문화산업이 공존하며 함께 가야하는 안동댐의 미래이기도 하다.

안동댐 전경

안 동
문 화
100선

●①⑤

# 안동댐

**초판1쇄 발행**  2021년 12월 17일

기 획 한국국학진흥원
**글쓴이** 이미홍
사 진 류종승
**펴낸이** 홍종화

**편집·디자인** 오경희·조정화·오성현·신나래
               박선주·이효진·정성희
**관리** 박정대·임재필

**펴낸곳** 민속원
**창업** 홍기원
**출판등록** 제1990-000045호
**주소** 서울 마포구 토정로25길 41(대흥동 337-25)
**전화** 02) 804-3320, 805-3320, 806-3320(代)
**팩스** 02) 802-3346
**이메일** minsok1@chollian.net, minsokwon@naver.com
**홈페이지** www.minsokwon.com

ISBN  978-89-285-1686-5
S E T  978-89-285-1142-6  04380